콩나물쌤과 함께하는
문해력 속담왕(동물편)

초판 1쇄 발행 2023년 9월 18일
초판 3쇄 발행 2023년 11월 29일

지은이 전병규
그림 정서용
펴낸이 이범상
펴낸곳 (주)비전비엔피 · 그린애플

기획 편집 차재호 김승희 박성아 신은정 한지은
디자인 최원영 이민선
마케팅 이성호 이병준
전자책 김성화 김희정 안상희
관리 이다정

주소 우) 04034 서울특별시 마포구 잔다리로7길 12 (서교동)
전화 02) 338-2411 | **팩스** 02) 338-2413
홈페이지 www.visionbp.co.kr
인스타그램 https://www.instagram.com/greenapple_vision
포스트 post.naver.com/visioncorea
이메일 gapple@visionbp.co.kr

등록번호 제2021-000029호

ISBN 979-11-92527-37-6 64700
979-11-92527-36-9 (세트)

· 값은 뒤표지에 있습니다.
· 잘못된 책은 구입하신 서점에서 바꿔드립니다.

콩나물쌤과 함께하는

문해력 속담왕

동물편

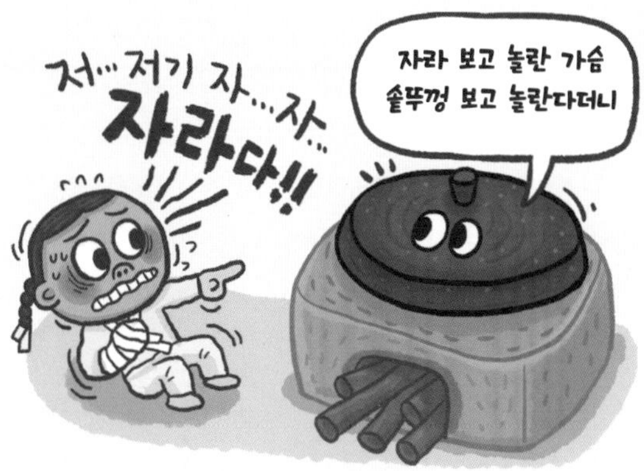
저… 저기 자…자…
자라다!!
자라 보고 놀란 가슴
솥뚜껑 보고 놀란다더니

그린애플

추천사

속담에는 문화, 전통, 지혜, 교훈, 재치, 그리고 언어 감각이 모두 담겨 있다. 그래서 초등학생 때 속담을 제대로 알아야 할 필요가 있다. 이 책은 단순히 속담을 알려 주는 데 그치지 않고, 가지고 놀게 만든다. 아이 스스로 생각하게 하고, 익숙한 만화로 의미를 이해시키고, 다른 표현으로 확장하며, 일상생활에 속담을 적용하게 하면서 언어능력을 자극한다. 한 마디로 속담의 속까지 뒤집어 보여 주며 문해력을 높이는 프로그램이다.

_ **최나야**(서울대 아동가족학과 교수, 《초등 문해력을 키우는 엄마의 비밀》 저자)

학창 시절에 속담 목록을 보면서 재미없게 속담을 접한 기억이 납니다. 외워지지도 않았고 이해도 되지 않았으며 일단 그 속담 목록을 보기 싫었어요. 재미없었기 때문입니다. 그런데 이 책을 보고 놀랐습니다. 속담이 이렇게 재밌을 수 있는 것인가요? 재미는 아이들에게 최고의 동기 요인입니다. 속담을 재치 있는 그림과 만화로 표현하여 이해를 돕고, 이 책을 보고 싶게 만들어 줍니다. 단순히 재밌는 만화로 끝나는 것이 아니라 콩나물쌤의 상세한 설명과 나만의 예시를 직접 써보면서 깊이 있는 이해를 더해 그 속담을 정말 '나의 것'으로 만들어 줍니다. 이 책은 비유가 가득한 말을 쉽게 이해할 수 있도록 하는 장치를 통해 글을 이해하고, 나아가 나의 삶과 연결해 보도록 돕고 있습니다. 재미, 유익함, 실용성, 유의미성, 이 네 박자가 갖춰진 책이 잘 없지만 이 책은 네 가지를 동시에 지니고 있습니다. 책을 읽어도 무슨 뜻인지 잘 모르는 아이, 글 읽기를 즐겨하지 않는 아이, 비유나 상징이 들어간 글을 어려워하는 아이, 조금 더 수준 높고 풍성한 문해력을 갖고 싶어 하는 아이 모두에게 추천해 드립니다.

_ **효린파파 성기홍**(EBS 영어 강사, 교사, 영어 교육크리에이터)

2007년 아이폰의 출시 이후 세상은 달라졌습니다. 전 세계인들이 고개를 숙여 스마트폰을 들여다보고 있습니다. 이 현상은 앞으로도 지속될 것으로 전망됩니다. 자녀들이 스마트폰을 접하게 되는 것은 피할 수 없는 숙명입니다. 하지만 여전히 학교와 사회에서는 문해력이 중요하게 작용하는 시험을 보고 있습니다. 스마트폰의 영향을 가볍게 생각하고 독서의 힘을 경시해서는 안 됩니다. 지금이라도 초등학교 교과서를 펼쳐서 아이들이 그 내용을 제대로 이해하고 있는 지를 확인해 보세요. 초등에서 모두가 앞서가고 있는 듯하지만 교과서 내용을 완전히 이해하는 아이들은 한 반에 몇 명 없습니다.
미취학에서 초등까지 읽고 또 읽어야 합니다. 그리고 읽기의 핵심은 어휘, 그리고 글에 대한 이해입니다. 콩나물쌤이 쓴 이 책 한 권으로 두 마리 토끼를 모두 잡을 수 있습니다. 저는 개인적으로 선조들이 남긴 속담을 굉장히 좋아합니다. 저에게 속담은 아주 오래 전을 산 선조와의 대화 수단입니다. 속담의 의미를 생각해 보면 선조들도 나와 같은 고민을 했다는 생각을 하게 됩니다.
속담 공부를 통해서 많은 것을 배울 수 있을 것이라고 생각합니다. 어휘를 바탕으로 한 문해력은 물론이고, 옛 선조의 지혜를 배우면서 오늘을 슬기롭게 살아갈 수 있을 겁니다. 무엇보다 인성 교육이 많이 부족한 요즈음 속담의 의미를 새기는 아이들은 공감 능력을 바탕으로 우리 사회에 필요한 인재가 될 것이라 생각합니다. 이 책을 꾸준히 읽으며 부모와 자녀가 많은 대화를 나누고, 소중한 가치를 배우는 기회를 갖기 바랍니다. 아이들이 미래입니다.

_ **정승익**(더불어함께 교육연구소 대표, 《어머니, 사교육을 줄이셔야 합니다》 저자)

문해력에 대한 초등 부모들의 고민이 커지고 있습니다. 글보다는 영상에 익숙한 아이들이 증가해서 문해력 부족 문제가 지속적으로 대두되고 있는 것이죠. 문해력이 부족하면 글을 잘 읽지 못하고 이해하지 못할 뿐만 아니라 말을 조리있게 하지 못하는 상황까지 이어질 수 있죠. 그렇다면 문해력을 향상시키기 위한 방법은 없을까요. 이 책은 이 질문에 구체적인 해답을 주고 있습니다. 초등교육 전문가이자 문해력 전문가인 저자는 '속담'을 익히는 것에 주목합니다. 그도 그럴것이 속담은 우리 선조들이 가진 삶의 지혜가 잘 녹아 있는 짧은 표현이기 때문이죠. 속담은 자신의 생각과 의견을 멋지게 표현할 수 있는 유용한 도구이지요. 저자는 단순히 속담을 학습하라고 알려주는 것에서 더 나아가 속담을 좀 더 잘 익힐 수 있도록 친절한 가이드까지 제시합니다. 기존에 속담을 주제로 한 책들이 만화나 이야기로 접근을 했다면 이 책은 속담에 들어있는 비유를 적용해 좀 더 쉽게 이해할 수 있도록 도와줍니다. 문해력, 어휘력을 재미있고 유익하게 익히고 싶은 분들께 이 책을 추천합니다.

_ **방종임**(유튜브 교육채널 '교육대기자TV' 운영자, 《자녀교육 절대공식》 저자)

프롤로그

비유를 이해해야 문해력 속담왕!

안녕!! 여러분~ 저는 콩나물쌤이에요. 《콩나물쌤과 함께하는 문해력 속담왕》에 오신 것을 환영해요. 여러분은 속담이 무엇인지 알고 있나요? 속담은 우리 선조들의 삶의 지혜가 녹아 있는 짧은 표현을 뜻해요. 속담은 오래된 이야기지만 여전히 중요해요. 무려 4천 년도 더 된 속담도 여전히 우리 삶에 적용되기 때문이죠. 인간의 삶에는 아무리 많은 시간이 지나도 변하지 않는 것들이 있답니다. 우리가 속담을 배워야 하는 이유를 좀 더 자세히 살펴볼까요?

첫째, 살면서 나쁜 일을 덜 겪을 수 있어요. 예를 들어 '고래 싸움에 새우 등 터진다'는 속담을 알면 쓸데없이 남의 다툼에 끼어 손해 입는 일이 적어요. 또 '바늘 도둑이 소도둑 된다'는 속담을 알면 작은 잘못을 가볍게 여기다 점점 큰 잘못을 저지르는 일이 적겠죠.

둘째, 자기의 생각과 의견을 쉽고 멋지게 표현할 수 있어요. 자기가 아는 것이 전부라고 생각하는 친구에게는 '우물 안의 개구리', 약한 친구를 괴롭히는 아이에게는 '지렁이도 밟으면 꿈틀한다'라고 말해 주세요. 길고 복잡하게 말하지 않아도 여러분의 생각을 명확히 표현할 수 있답니다.

셋째, 문화를 깊이 이해할 수 있어요. 속담에는 사람들이 살면서 자주 하는 행동과 실수, 흔히 볼 수 있는 동물과 사물 등 그 사회의 문화가 고스란히 녹아 있어요. 예를 들어 우리 속담에는 소가 자주 나오는 반면 태국 속담에는 코끼리가 자주 나와요. 속담에 나오는 외양간, 우물, 솥뚜껑, 숭늉, 등불, 선무당 같은 단어들은 모두 우리 문화를 잘 보여 주고 있어요.

속담은 어떻게 배우느냐가 정말 중요해요. 속담을 배울 때는 단순히 뜻을 외워서는 안 돼요. 그래서 재미있는 만화나 이야기만으로는 속담을 제대로 알 수 없답니다. 속담은 그 의미를 깊이 이해하는 것이 아주 중요하답니다. 그러기 위해서는 속담에 담긴 비유를 이해해야 해요.

비유란 설명하려는 것을 비슷한 성질을 가진 다른 것에 빗대어 설명하는 방법이에요. 예를 들어 '아빠는 포크레인처럼 힘차게 땅을 팠다'는 땅을 파는 아빠의 힘찬 모습을 포크레인에 비유한 표현이에요. 아빠를 포크레인에 비유함으로써 아빠의 강한 힘을 강조하고 있어요.

속담은 비유의 덩어리예요. 모든 속담은 비유고 속담 속 모든 표현 역시 비유예요. '우물 안 개구리'에서 우물은 우물이 아니고 개구리는 개구리가 아니에요. 우물은 보고 들은 것이 별로 없는 상황을, 개구리는 어리석은 사람을 뜻해요. 마찬가지로 '바늘 도둑이 소도둑 된다'에서 바늘 도둑과 소도둑 역시 바늘 도둑과 소도둑을 뜻하지 않아요. 바늘 도둑은 작은 나쁜 짓을, 소도둑은 큰 나쁜 짓을 뜻해요. 그렇기 때문에 비유를 이해하지 못한 채 속담을 배운다면 배워도 배운 것이 아니랍니다. 그래서 그동안 재미있는 속담책을 읽고 나서도 속담의 뜻은 잘 몰랐던 거예요.

속담을 통해 비유를 이해하고 나면 학교 공부에도 큰 도움이 돼요. 비유를 이해하는 힘이 커지면 지식을 이해하는 힘이 커지기 때문이에요. 왜 그럴까요? 사람은 새로운 것을 배울 때는 자신이 이미 알고 있는 것과 비교하면서 배워요. 예를 들어 얼룩말은 얼룩 + 말이며 곱셈은 덧셈의 반복이라는 식으로 이해하게 되죠. 그래서 공부를 잘하려면 내가 이미 알고 있는 것과 새로 배우는 것 사이의 관련성을 이해하는 것이 중요해요.

비유는 하나와 다른 하나를 연결하는 표현이에요. 그래서 비유를 잘 이해하는 아이는 새로 배우는 지식을 이미 자신이 알고 있는 지식과 잘 연결할 줄 알아요. 그래서 속담을 통해 비유를 이해하면 학교 공부에 도움이 되는 거예요. 선생님의 설명을 들을 때 비유라는 생각의 도구로 남들보다 더 쉽게 이해할 수 있는 거죠. 교과서를 읽거나 지식책을 읽을 때 역시 마찬가지죠.

그러기 위해서는 속담을 배울 때는 반드시 비유에 대해 생각해야 해요. 그래야 비유를 이해하는 힘이 커지고 공부하는 힘도 커진답니다. 단순히 웃긴 만화로 속담을 접하면 이런 힘이 잘 길러지지 않아요. 이것이 바로 이 책을 통해 속담을 공부해야 하는 이유랍니다. 이 책을 통해 속담을 제대로 공부해 보세요. 옛사람들의 지혜를 익히고 자신의 생각을 멋지게 표현할 수 있게 돼요. 또 우리 문화와 세계 여러 나라의 문화도 알게 되죠. 그 과정에서 비유를 이해하는 힘이 커지면서 성적도 쑥쑥 오를 겁니다.

자, 그럼 이제 문해력 속담왕이 되기 위한 여행을 떠나볼까요? 출발!!

여러분의 문해력을 쑥쑥 키워 줄

콩나물쌤으로부터

우아하게
난
따라쟁이

이 책의 활용법

개구리 올챙이 적 생각 못 한다
물고기야. 너는 다리도 없고 모습이 참 이상하구나.
개구리야. 너도 올챙이 때는 다리가 없었단다.
무슨 말도 안 되는 소리니? 나는 태어날 때부터 다리가 네 개 다 있었다고!!
펄쩍
개구리 올챙이 적 생각 못 한다더니.

첫 번째 페이지

오늘 배울 속담과 이를 재미있게 표현한 만화가 있어요. 만화는 속담을 최대한 있는 그대로 표현했어요. 무슨 말인지 이해하기 어려운 속담도 만화를 보고 나면 한 번에 이해될 거예요. 다음 단계를 따라가며 학습해 보세요.

1단계 | 재미있게 만화 보기

처음에는 그냥 가벼운 마음으로 만화를 즐겨보세요. 귀여운 그림체, 우스꽝스러운 상황과 대사 덕분에 신나게 웃을 수 있을 거예요.

2단계 | 소리 내어 속담 읽어 보기

만화를 다 보았다면 만화 위에 있는 속담을 읽어보세요. 3번 정도 소리 내어 읽어 보면 더 잘 기억할 수 있을 거예요.

3단계 | 속담이 뜻하는 상황 생각하기

속담은 어떤 상황을 표현하고 있을까요? 만화와 연결해서 생각해 보세요.

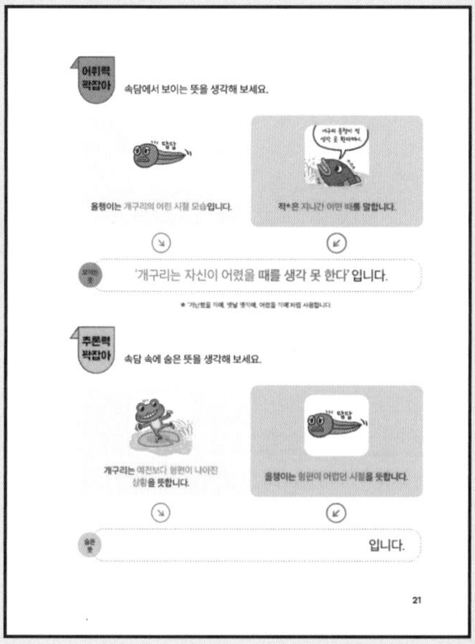

어휘력 꽉잡아 속담에서 보이는 뜻을 생각해 보세요.

올챙이는 개구리의 어린 시절 모습입니다.

적*은 지나간 어떤 때를 말합니다.

보이는 뜻 '개구리는 자신이 어렸을 때를 생각 못 한다' 입니다.

추론력 꽉잡아 속담 속에 숨은 뜻을 생각해 보세요.

개구리는 예전보다 형편이 나아진 상황을 뜻합니다.

올챙이는 형편이 어렵던 시절을 뜻합니다.

숨은 뜻 입니다.

21

두 번째 페이지

속담에는 크게 두 가지 뜻이 있어요. 하나는 겉에서 그대로 보이는 뜻이고 다른 하나는 숨어있는 진짜 뜻이에요. 어휘력 꽉 잡아에서는 겉으로 드러난 뜻을 살펴보고 추론력 꽉 잡아에서는 숨은 뜻을 살펴봅니다. 다음 단계를 따라가며 학습해 보세요.

어휘력 꽉 잡아

1단계 | 단어 뜻 이해하기

속담에 사용된 단어의 뜻을 살펴봅시다. 그림을 보고 단어와 단어에 담긴 뜻을 소리 내어 읽어 보세요.

2단계 | 속담의 보이는 뜻 생각하기

단어의 뜻을 연결하여 속담의 보이는 뜻을 살펴봅시다. 읽고 무슨 뜻인지 말하면서 설명해 보세요.

추론력 꽉 잡아

1단계 | 단어 속에 숨은 뜻 이해하기

속담 속 단어에는 원래 뜻 이외에도 이 속담에서만 가지는 숨은 뜻이 있어요. 예를 들어 올챙이의 원래 뜻은 개구리의 어린 시절이지만 이 속담에서는 형편이 어렵던 시절을 뜻하죠. 이런 식으로 단어의 숨은 뜻이 무엇인지 그림과 함께 살펴보세요.

2단계 | 속담 속에 숨은 뜻 생각하기

단어가 원래 뜻이 아닌 새로운 뜻으로 쓰였다면 속담도 다른 뜻을 가지겠죠? 단어의 숨은 뜻을 연결하여 속담 속에 숨은 뜻을 생각해 보세요.

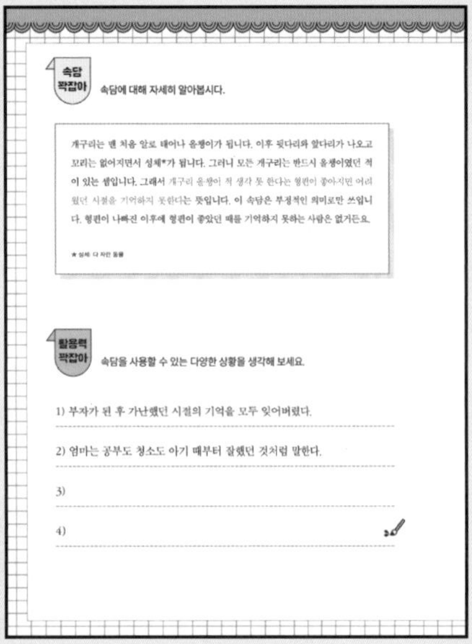

속담 꽉잡아 속담에 대해 자세히 알아봅시다.

개구리는 맨 처음 알로 태어나 올챙이가 됩니다. 이후 뒷다리와 앞다리가 나오고 꼬리는 없어지면서 성체*가 됩니다. 그러니 모든 개구리는 반드시 올챙이였던 적이 있는 셈입니다. 그래서 개구리 올챙이 적 생각 못 한다는 형편이 좋아지면 어려웠던 시절을 기억하지 못한다는 뜻입니다. 이 속담은 부정적인 의미로만 쓰입니다. 형편이 나빠진 이후에 형편이 좋았던 때를 기억하지 못하는 사람은 없거든요.

★ 성체: 다 자란 동물

활용력 꽉잡아 속담을 사용할 수 있는 다양한 상황을 생각해 보세요.

1) 부자가 된 후 가난했던 시절의 기억을 모두 잊어버렸다.

2) 엄마는 공부도 청소도 아기 때부터 잘했던 것처럼 말한다.

3)

4)

세 번째 페이지

속담 꽉 잡아에서는 속담에 대해 자세히 알아봅니다. 속담에 숨은 뜻이 여러분의 생각과 같은지 확인해 보세요. 활용력 꽉 잡아에서는 속담을 사용할 수 있는 다양한 상황에 대해 생각해 봅니다. 다음 단계를 따라가며 학습해 보세요.

속담 꽉 잡아

1단계 | 읽기

속담에 대해 자세히 설명한 글이 있습니다. 차분히 읽어 보세요.

2단계 | 설명하기

방금 읽은 내용이 어떤 내용이었는지 책을 보면서 설명해 보세요.

3단계 | 안 보고 설명하기

정말 잘 읽고 잘 이해했다는 자신감이 있나요? 그렇다면 책을 덮은 후 읽은 내용을 설명해 보세요. 혹시 어렵다면 잠깐 펼쳐서 본 후 다시 덮고 설명하면 됩니다.

활용력 꽉 잡아

1단계 | 읽기

속담을 사용할 수 있는 상황 2가지를 읽어봅니다. 왜 이 상황에서 오늘 배운 속담을 사용할 수 있는지 생각해 보세요.

2단계 | 새로운 상황 쓰기

오늘 배운 속담을 사용할 수 있는 상황 두 가지를 써보세요. 여러분이 직접 겪은 일도 좋고 상상한 일도 좋아요. 다른 사람이 겪은 일이나 다른 사람이라고 생각하고 써도 좋아요.

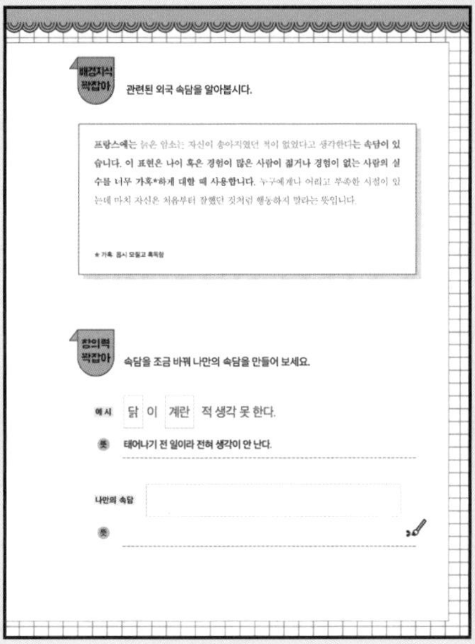

배경지식 꽉잡아 관련된 외국 속담을 알아봅시다.

프랑스에는 늙은 암소는 자신이 송아지였던 적이 없었다고 생각한다는 속담이 있습니다. 이 표현은 나이 혹은 경험이 많은 사람이 젊거나 경험이 없는 사람의 실수를 너무 가혹*하게 대할 때 사용합니다. 누구에게나 어리고 부족한 시절이 있는데 마치 자신은 처음부터 잘했던 것처럼 행동하지 말라는 뜻입니다.

* 가혹: 몹시 모질고 혹독함

창의력 꽉잡아 속담을 조금 바꿔 나만의 속담을 만들어 보세요.

예시 닭 이 계란 적 생각 못 한다.

뜻 태어나기 전 일이라 전혀 생각이 안 난다.

나만의 속담

뜻

네 번째 페이지

배경지식 꽉 잡아에서는 오늘 배운 속담과 관련된 외국 속담을 알아봅니다. 배경지식도 쌓고 다양한 관점도 배우게 될 거예요. 창의력 꽉 잡아에서는 오늘의 속담을 살짝 바꾸어 여러분만의 속담을 만들어 보세요. 속담을 더 자세히 들여다보고 새로운 각도로 바라볼 수 있게 될 거예요.

배경지식 꽉 잡아

1단계 | 읽기

오늘 배운 속담과 관련된 외국 속담과 이에 대한 자세한 설명문이 있어요. 제시된 글을 차분히 읽어 보세요.

2단계 | 비교하기

우리 속담과 외국 속담을 서로 비교해 보세요. 어떤 점이 같고 어떤 점이 다른가요? 유사한 상황을 서로 어떻게 받아들이고 있는지 살펴보면 더욱 재미있습니다.

창의력 꽉 잡아

1단계 | 읽기

오늘의 속담을 살짝 바꿔 만든 새로운 속담을 읽어 보세요. 어디를 어떻게 바꾸었는지 그래서 어떤 뜻이 되었는지 살펴보세요.

2단계 | 나만의 속담 쓰기

오늘의 속담 중 일부를 바꾸어 나만의 속담을 써보세요. 원래 속담을 찾아볼 수 없을 정도로 전체를 다 바꾸면 안돼요. 일부는 남겨 놓고 일부만 바꾸도록 하세요. 예를 들어 개구리 올챙이 적 생각 못 한다에서는 '적 생각 못 한다'는 남겨 놓고 개구리와 올챙이만 다른 걸로 바꿀 수 있어요. 반대로 개구리와 올챙이만 남겨놓고 '적 생각 못한다'를 다른 것으로 바꿀 수도 있어요.

바늘도둑이
소도둑된다

차례

추천사 2

프롤로그 비유를 이해해야 문해력 속담왕!! 4

이 책의 활용법 8

1주 차

가재는 게 편 18

개구리 올챙이 적 생각 못 한다 22

개똥도 약에 쓰려면 없다 26

개천에서 용 난다 30

고래 싸움에 새우 등 터진다 34

1주 차 복습 38

2주 차

고슴도치도 제 새끼는 함함하다고 한다 44

고양이한테 생선을 맡기다 48

까마귀 날자 배 떨어진다 52

낮말은 새가 듣고 밤말은 쥐가 듣는다 56

닭 쫓던 개 지붕 쳐다본다 60

2주 차 복습 64

3주 차

뛰어 봤자 벼룩 70

못된 송아지 엉덩이에 뿔난다 74

바늘 도둑이 소도둑 된다 78

뱁새가 황새 따라가다 가랑이가 찢어진다 82

번데기 앞에서 주름잡는다 86

3주 차 복습 90

4주 차

벼룩의 간을 내어 먹는다 96
빈대 잡으려고 초가삼간 태운다 100
서당개 삼 년이면 풍월을 읊는다 104
소 잃고 외양간 고친다 108
송충이는 솔잎을 먹어야지 갈잎을 먹으면 죽는다 112
4주 차 복습 116

5주 차

숭어가 뛰니까 망둥이도 뛴다 122
우물 안 개구리 126
원숭이도 나무에서 떨어진다 130
자라 보고 놀란 가슴 솥뚜껑 보고 놀란다 134
제 버릇 개 못 준다 138
5주 차 복습 142

6주 차

죽 쒀서 개 준 꼴 148
쥐구멍에도 볕 들 날 있다 152
지렁이도 밟으면 꿈틀한다 156
참새가 방앗간을 그냥 지나치랴 160
하룻강아지 범 무서운 줄 모른다 164
6주 차 복습 168

정답 172

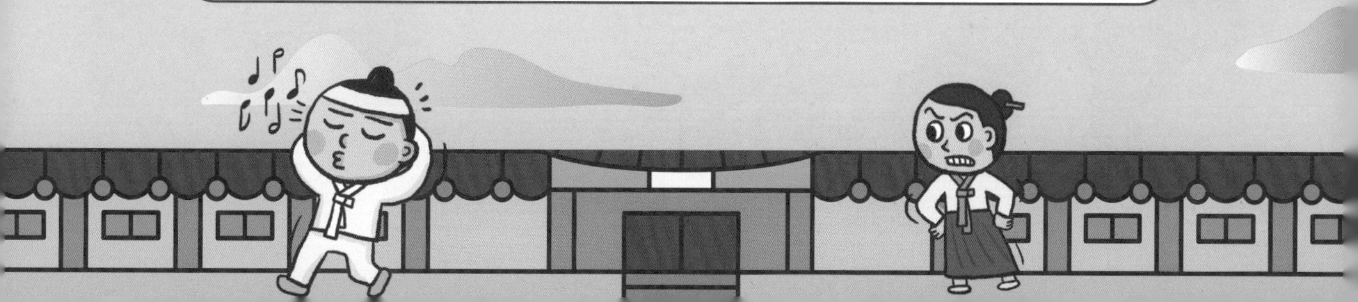

속담왕

1주차

가재는 게 편

너 때문이야!!
네가 먼저 나를 꼬집었잖아.
?
가재야, 가재야. 누구 잘못인지 네가 듣고 판단해 줘.
아니 글쎄...
이건 분명 물고기 잘못이야. 집게발이 달린 동물은 잘못하지 않으니까.
흥!! 가재는 게 편이라더니.
우리는 같은 편!

어휘력 꽉잡아

속담에서 보이는 뜻을 생각해 보세요.

가재와 게는
집게와 등딱지가 있는 바다 생물입니다.

우리는 같은 편!

편은
여럿으로 나누었을 때 같은 팀을 말합니다.

↘ ↙

보이는 뜻

'가재는 게와 같은 팀이다' 입니다.

추론력 꽉잡아

속담 속에 숨은 뜻을 생각해 보세요.

가재와 게는
서로 형편이 비슷한 사람을 뜻합니다.

우리는 같은 편!

편은
도움이나 응원을 뜻합니다.

↘ ↙

숨은 뜻

입니다.

속담 꽉잡아 속담에 대해 자세히 알아봅시다.

가재와 게는 생김새가 비슷한 바다 생물입니다. 둘 다 갑각류로 집게발이 있고 딱딱한 등딱지로 몸을 보호하지요. 그래서 가재는 게 편은 생김새나 형편이 비슷한 사람끼리 서로 돕는다는 뜻이에요. 이 속담은 좋은 상황에서도 쓸 수 있지만 주로 좋지 않은 상황에서 사용해요. 잘못이 있음에도 불구하고 무조건 친한 사람의 편을 드는 공정★하지 않은 상황에서 많이 사용하지요.

★ 공정: 공평하고 올바름

활용력 꽉잡아 속담을 사용할 수 있는 다양한 상황을 생각해 보세요.

1. 민수가 지영이에게 잘못을 했는데 남자아이들이 모두 민수 편을 든다.

2. 아이가 친구와 싸웠는데 엄마가 무조건 아이 편을 든다.

3.

4.

배경지식 꽉잡아 관련된 외국 속담을 알아봅시다.

영국에는 자선★은 가정에서 시작된다는 속담이 있습니다. 남을 돕는 일은 가장 가까운 가족을 돕는 걸로 시작해야 한다는 뜻입니다. 사람은 자신과 가깝고 닮은 사람을 좋아하는 본능이 있습니다. 하지만 가깝다는 이유로 분명한 잘못을 없는 것처럼 해서는 안 됩니다. 돕는 것은 돕는 것이고, 잘못은 잘못이니까요.

★ 자선: 남을 불쌍히 여겨 도와줌

창의력 꽉잡아 속담을 조금 바꿔 나만의 속담을 만들어 보세요.

예 시 | 초코 | 는 | 내 | 편이다.

뜻 우리집 강아지 초코는 항상 내 편이다.

나만의 속담

뜻

개구리 올챙이 적 생각 못 한다

물고기야. 너는 다리도 없고 모습이 참 이상하구나.
답답
개구리야. 너도 올챙이 때는 다리가 없었단다.
무슨 말도 안 되는 소리니? 나는 태어날 때부터 다리가 네 개 다 있었다고!!
펄쩍
개구리 올챙이 적 생각 못 한다더니.

어휘력 꽉잡아 속담에서 보이는 뜻을 생각해 보세요.

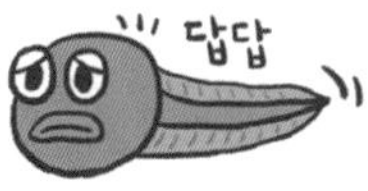

답답

올챙이는
개구리의 어린 시절입니다.

개구리 올챙이 적
생각 못 한다더니.

적★은
지나간 어떤 때를 말합니다.

보이는 뜻 '개구리는 자신이 어렸을 때를 생각 못 한다' 입니다.

★ '가난했을 적에, 옛날 옛적에, 어렸을 적에'처럼 사용합니다.

추론력 꽉잡아 속담 속에 숨은 뜻을 생각해 보세요.

개구리는
예전보다 형편이 나아진 상황을 뜻합니다.

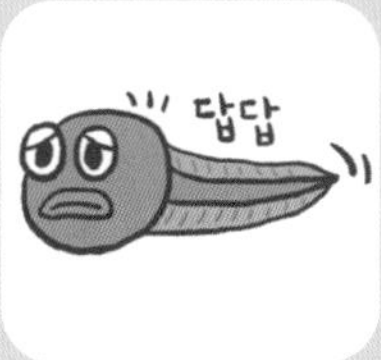

답답

올챙이는
형편이 어렵던 시절을 뜻합니다.

숨은 뜻 ______ 입니다.

속담 꽉잡아

속담에 대해 자세히 알아봅시다.

개구리는 맨 처음 알로 태어나 올챙이가 됩니다. 이후 뒷다리와 앞다리가 나오고 꼬리는 없어지면서 성체★가 됩니다. 그러니 모든 개구리는 반드시 올챙이였던 적이 있는 셈입니다. 그래서 개구리 올챙이 적 생각 못 한다는 형편이 좋아지면 어려웠던 시절을 기억하지 못한다는 뜻입니다. 이 속담은 부정적인 의미로만 쓰입니다. 형편이 나빠진 이후에 형편이 좋았던 때를 기억하지 못하는 사람은 없거든요.

★ 성체: 다 자란 동물

활용력 꽉잡아

속담을 사용할 수 있는 다양한 상황을 생각해 보세요.

1. 부자가 된 후 가난했던 시절의 기억을 모두 잊어버렸다.

2. 엄마는 공부도 청소도 아기 때부터 잘했던 것처럼 말한다.

3.

4.

배경지식 꽉잡아

관련된 외국 속담을 알아봅시다.

프랑스에는 늙은 암소는 자신이 송아지였던 적이 없었다고 생각한다는 속담이 있습니다. 이 표현은 나이 혹은 경험이 많은 사람이 젊거나 경험이 없는 사람의 실수를 너무 가혹★하게 대할 때 사용합니다. 누구에게나 어리고 부족한 시절이 있으니 마치 자신은 처음부터 잘했던 것처럼 행동하지 말라는 뜻입니다.

★ 가혹: 몹시 모질고 혹독함

창의력 꽉잡아

속담을 조금 바꿔 나만의 속담을 만들어 보세요.

예 시 닭 이 계란 적 생각 못 한다.

뜻 태어나기 전 일이라 전혀 생각이 안 난다.

나만의 속담

뜻

개똥도 약에 쓰려면 없다

아이고 길에
개똥이 너무 많군.
한약방
음, 약을 짓는 데 백구의
똥이 필요하군.
?
한약방
음, 개똥이
다 어디갔지?
개똥도 약에 쓰려면
없다더니.

어휘력 꽉잡아

속담에서 보이는 뜻을 생각해 보세요.

개똥은
개의 똥입니다.

쓰려면은
사용하려고 하면을 말합니다.

↘ ↙

보이는 뜻 '개의 똥도 약으로 사용하려고 하면 없다' 입니다.

추론력 꽉잡아

속담 속에 숨은 뜻을 생각해 보세요.

한약방

개똥은
매우 흔한 무언가를 뜻합니다.

응, 개똥이
다 어디 갔지?
한약방

약에 쓰려면은
필요해서 사용하려면을 뜻합니다.

↘ ↙

숨은 뜻 ____________________ 입니다.

속담 꽉잡아

속담에 대해 자세히 알아봅시다.

요즘에는 길에서 개똥을 볼 일이 별로 없지만 개를 풀어서 기르던 옛날에는 개똥이 아주 흔했어요. 그래서 개똥도 약에 쓰려면 없다는 아주 흔한 무언가도 정작 사용하려면 없다는 뜻이에요. 주변에 늘 있는 무언가가 막상 필요해서 찾으면 없을 때 사용해요. 값비싸거나 구하기 어려운 것이 없을 때는 이 속담을 쓰지 않아요. 그런데 그거 아나요? 실제로 백구★의 똥은 약으로 쓰였다고 하네요. 우웩!!

★ 백구: 빛깔이 흰 강아지

활용력 꽉잡아

속담을 사용할 수 있는 다양한 상황을 생각해 보세요.

1. 집에 늘 있던 풀인데 만들기를 하려고 하니 없다.

2. 내 책상에 늘 있던 가위가 택배 상자를 뜯으려니 안 보인다.

3.

4.

배경지식 꽉잡아

관련된 외국 속담을 알아봅시다.

영국에는 우물★이 마르기 전까지는 물을 그리워하지 않는다는 속담이 있어요. 우물이 있으면 우리는 물 마시는 것을 당연하게 생각할 겁니다. 하지만 우물이 마르고 나면 물이 귀해지고 우리는 물을 찾게 되겠죠. 그래서 이 표현은 우리가 가지고 있는 것을 잃어버리기 전까지는 그것의 소중함을 모른다는 뜻이에요.

★ 우물: 물을 긷기 위해 땅을 파서 지하수를 괴게 한 곳

창의력 꽉잡아

속담을 조금 바꿔 나만의 속담을 만들어 보세요.

예시 수돗물 도 마시려면 없다.

뜻 흔한 것도 사용하려면 없다.

나만의 속담

뜻

개천에서 용 난다

용님, 너무 멋있어요.
너무 멋진 용님은 분명 큰 바다에서 태어나셨겠죠?
아니. 나는 저기 개천에서 태어났는데?
와우!! 개천에서 용 난다더니.
와우!!

어휘력 꽉잡아

속담에서 보이는 뜻을 생각해 보세요.

개천은
시내보다 크고 강보다 작은 물줄기입니다.

난다는
나온다를 뜻합니다.

↘ ↙

보이는 뜻

'작은 물줄기에서 용이 나온다' 입니다.

추론력 꽉잡아

속담 속에 숨은 뜻을 생각해 보세요.

개천은
어려운 환경을 뜻합니다.

용은
뛰어난 인물을 뜻합니다.

↘ ↙

숨은 뜻

입니다.

속담 꽉잡아 속담에 대해 자세히 알아봅시다.

예부터 동양에서는 용을 매우 신성★한 동물로 생각했어요. 그래서 임금의 옷인 곤룡포에 그려 놓고는 했어요. 이런 용이기에 작은 개천보다는 바다 혹은 큰 강에서 주로 나올 겁니다. 개천은 너무 작아 용이 나오기에는 적당하지 않으니까요. 그래서 개천에서 용 난다는 아주 어려운 환경에서 훌륭한 인물이 나왔다는 뜻이에요.

★ 신성: 신과 같이 높고 훌륭하고 귀중함

활용력 꽉잡아 속담을 사용할 수 있는 다양한 상황을 생각해 보세요.

1. 아주 가난한 집에서 태어난 아이가 커서 큰 부자가 되었다.

2. 공부하기 어려운 상황에서 열심히 공부해 좋은 대학에 입학했다.

3.

4.

배경지식 꽉잡아

관련된 외국 속담을 알아봅시다.

중국에는 물고기가 용이 되었다는 속담이 있습니다. 물고기는 주변에서 쉽게 볼 수 있는 동물입니다. 반면 용은 상상 속에만 존재하지요. 그래서 이 속담은 가난한 사람이 부유해지거나 천한★ 사람이 귀한 사람이 된 경우에 사용합니다. 참고로 용은 영어로 드래곤Dragon인데 동양과 달리 서양에서는 드래곤을 나쁘고 사악한 동물로 생각한답니다.

★ 천한: 신분이 낮은

창의력 꽉잡아

속담을 조금 바꿔 나만의 속담을 만들어 보세요.

예 시 산속 에서 오징어 난다.

뜻 나올 수 없는 곳에서 중요한 것이 나왔다.

나만의 속담

뜻

고래 싸움에 새우 등 터진다

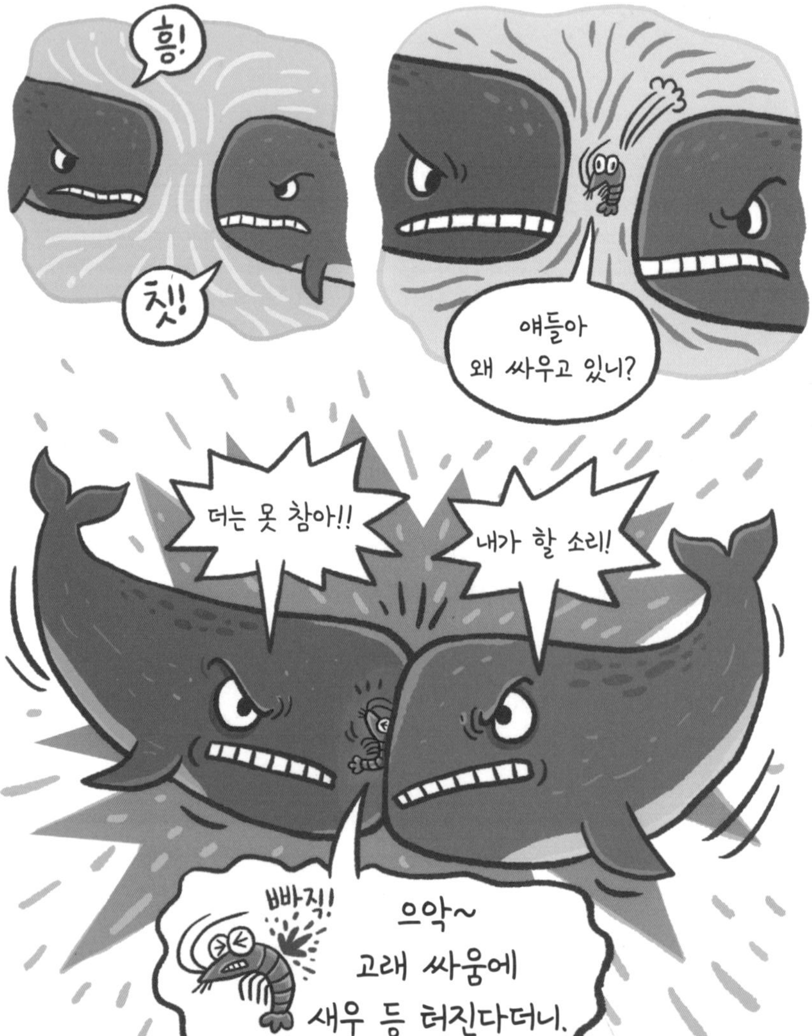
흥!
칫!
얘들아
왜 싸우고 있니?
더는 못 참아!!
내가 할 소리!
빠직!
으악~
고래 싸움에
새우 등 터진다더니.

어휘력 꽉잡아

속담에서 보이는 뜻을 생각해 보세요.

흥!
칫!

고래 싸움은
고래끼리의 싸움을 말합니다.

빠직!

새우 등은
새우의 몸에서 등 부분을 말합니다.

↘ ↙

보이는 뜻 '고래끼리 싸우는 바람에 새우의 등이 터진다' 입니다.

추론력 꽉잡아

속담 속에 숨은 뜻을 생각해 보세요.

고래는
크고 강한 사람을 뜻합니다.

새우는
작고 약한 사람을 뜻합니다.

↘ ↙

숨은 뜻 입니다.

속담 꽉잡아 속담에 대해 자세히 알아봅시다.

고래는 바다에서 가장 큰 동물인 반면 새우는 작은 동물입니다. 만약 고래 두 마리가 싸우는데 그 사이에 새우가 있다면 어떻게 될까요? 당연히 등이 터지겠죠? 그래서 고래 싸움에 새우 등 터진다는 강한 사람끼리 싸우는 바람에 아무 상관 없는 약한 사람이 괜스레★ 피해를 입는다는 뜻입니다. 꼭 강한 사람이 아니더라도 다른 사람 싸움에 휘말려 괜히 피해를 입을 때도 사용합니다.

★ 괜스레: 까닭이나 실속 없이

활용력 꽉잡아 속담을 사용할 수 있는 다양한 상황을 생각해 보세요.

1. 엄마 아빠가 싸우는데 옆에 있다가 괜히 혼났다.

2. 형들이 싸우다 던진 물건에 지나가다가 맞았다.

3.

4.

배경지식 꽉잡아

관련된 외국 속담을 알아봅시다.

태국에는 코끼리 싸움에 개미가 짓밟힌다는 속담이 있습니다. 아주 큰 동물의 싸움에 작은 동물이 괜히 피해를 입는다는 점에서 고래 싸움에 새우 등 터진다와 뜻이 거의 유사★합니다. 힘 센 사람의 다툼에 힘이 약한 사람이 피해를 입는다는 뜻이죠. 태국에는 코끼리가 아주 많이 살고 있어서 코끼리가 나오는 속담이 특히 많답니다.

★ 유사: 서로 비슷함

창의력 꽉잡아

속담을 조금 바꿔 나만의 속담을 만들어 보세요.

예시 [엄마 아빠 싸움] 에 [우리 속] 터진다.

뜻 엄마 아빠가 싸우면 마음이 아프다.

나만의 속담 [   ]

뜻

1주차 복습

1. 다음 빈칸에 들어갈 말을 보기에서 찾아 써 보세요.

보기	개천, 가재, 개똥, 올챙이, 새우

1) [ ] 는 게 편

2) 개구리 [ ] 적 생각 못 한다

3) [ ] 도 약에 쓰려면 없다

4) [ ] 에서 용 난다

5) 고래 싸움에 [ ] 등 터진다

2. 다음 뜻을 가진 단어를 보기에서 찾아 써 보세요.

보기 편, 백구, 올챙이, 가혹, 괜스레, 자선, 개천

1) 여럿으로 나누었을 때 같은 팀 ➡

2) 개구리의 어린 시절 모습 ➡

3) 빛깔이 흰 강아지 ➡

4) 시내보다 크고 강보다 작은 물줄기 ➡

5) 까닭이나 실속 없이 ➡

6) 남을 불쌍히 여겨 도와줌 ➡

7) 몹시 모질고 혹독함 ➡

3. 다음 속담을 보고 그 뜻으로 알맞은 것을 골라 선으로 연결하세요.

속담	뜻
가재는 게 편	형편이 좋아지면 어려웠던 시절을 기억하지 못한다
개구리 올챙이 적 생각 못 한다	강한 사람끼리 싸우는 바람에 아무 상관 없는 약한 사람이 괜스레 피해를 입는다
개똥도 약에 쓰려면 없다	생김새나 형편이 비슷한 사람끼리 서로 돕는다
개천에서 용 난다	아주 어려운 환경에서 훌륭한 인물이 나왔다
고래 싸움에 새우 등 터진다	아주 흔한 무언가도 정작 사용하려면 없다

4. 다음 속담과 그 뜻을 읽고 이에 대한 여러분의 생각을 글로 써 보세요.

가재는 게 편

생김새나 형편이 비슷한 사람끼리 서로 돕는다

속담왕

2주차

고슴도치도 제 새끼는 함함하다고 한다

아이고 우리 아기, 어쩜 이리 털이 보드랍고 반지르르하니?
엄마, 내 털이 그렇게 보드랍고 좋아?
그럼!
고슴도치도 제 새끼는 함함하다고 한다더니.

어휘력 꽉잡아 속담에서 보이는 뜻을 생각해 보세요.

아이고 우리 아기, 어쩜 이리 털이 보드랍고 반지르르하니?

제★는
'자기의' 라는 말입니다.

엄마 내 털이 그렇게 보드랍고 좋아?
그럼!

함함하다는
털이 보드랍고 반지르르함을 말합니다.

↘ ↙

보이는 뜻 '고슴도치도 자기 새끼 가시는 부드럽다고 말한다' 입니다.

★ '제 할 일, 제 물건, 제 밥그릇'처럼 사용합니다.

추론력 꽉잡아 속담 속에 숨은 뜻을 생각해 보세요.

고슴도치는
모든 부모를 뜻합니다.

고슴도치도 제 새끼는 함함하다고 한다더니.

함함하다고 한다는
예쁘다고 생각한다는 뜻입니다.

↘ ↙

숨은 뜻 입니다.

속담 꽉잡아 속담에 대해 자세히 알아봅시다.

고슴도치는 털이 가시같이 꼿꼿★하고 뾰족해서 자칫하면 손을 찔릴 수 있습니다. 이런 고슴도치의 털은 절대 함함하다고 말할 수 없습니다. 뾰족한 가시를 함함하다고 하려면 얼마나 사랑해야 하는 걸까요? 그래서 고슴도치도 제 새끼는 함함하다고 한다는 부모 눈에 자기 자식은 다 예뻐 보인다는 뜻이에요. 모든 부모에게 쓸 수 있지만 특히 자기 자식의 잘못을 인정하지 않고 무조건 편들 때 많이 사용합니다.

★ 꼿꼿하다: 물건이 휘거나 구부러지지 않고 단단하다

활용력 꽉잡아 속담을 사용할 수 있는 다양한 상황을 생각해 보세요.

1. 식당에서 심하게 장난치는 아이를 부모가 활발하다며 좋아한다.

2. 아이가 노래를 매우 못하는데도 부모는 잘한다며 박수를 쳐 준다.

3.

4.

배경지식 꽉잡아

관련된 외국 속담을 알아봅시다.

이탈리아에는 딱정벌레도 어미 눈에는 예쁘다는 속담이 있습니다. 딱정벌레는 검은색 혹은 황갈색의 딱딱한 등껍질에 크고 작은 뿔을 가지고 있는 경우가 많습니다. 귀엽거나 신기하기는 하지만 예쁘다고 보기는 어려운 생김새★이지요. 그런 딱정벌레도 어미가 보기에는 예쁘다는 의미인데 역시 자식에 대한 사랑을 표현하고 있습니다.

★ 생김새: 생긴 모양새

창의력 꽉잡아

속담을 조금 바꿔 나만의 속담을 만들어 보세요.

예 시 | 고래 | 도 제 새끼는 | 작고 귀엽다 | 고 한다.

뜻 누구나 자기 자식은 예쁘다고 한다.

나만의 속담

뜻

고양이한테 생선을 맡기다

야옹아,
이 생선 잘 지키고
있어야 한다.
야옹
4,000
3,000
2,000
5,000
3,500
이게 뭐야,
야옹아!
야옹!
아뿔싸, 고양이한테
생선을 맡긴다더니.

어휘력 꽉잡아 속담에서 보이는 뜻을 생각해 보세요.

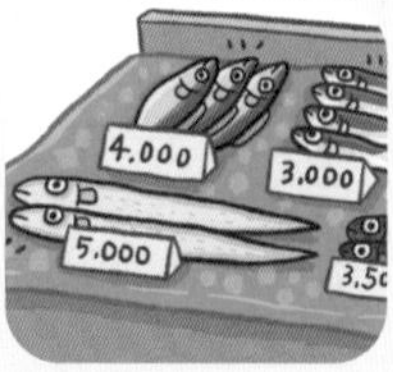

생선은
살아 있는 듯 싱싱한 물고기입니다.

맡기다는
물건을 지켜 달라고 하는 것입니다.

보이는 뜻: '고양이에게 생선을 지켜달라고 하다' 입니다.

추론력 꽉잡아 속담 속에 숨은 뜻을 생각해 보세요.

고양이는
믿지 못할 사람을 뜻합니다.

생선은
일이나 물건을 뜻합니다.

숨은 뜻: 입니다.

속담 꽉잡아

속담에 대해 자세히 알아봅시다.

고양이는 생선을 매우 좋아해 지켜 달라고★ 맡기면 참지 못하고 먹어 버릴 가능성이 많아요. 고양이한테는 생선을 믿고 맡길 수 없는 겁니다. 그래서 고양이한테 생선을 맡기다는 믿을 수 없는 사람에게 어떤 일이나 물건을 부탁하고 걱정하는 상황을 말해요. 믿을 수 없는 사람이 물건을 맡아 준다고 할 때 '차라리 고양이한테 생선을 맡기지'처럼 사용합니다.

★ 지키다: 잃어버리지 않도록 감시하다.

활용력 꽉잡아

속담을 사용할 수 있는 다양한 상황을 생각해 보세요.

1. 케이크를 좋아하는 동생이 내 케이크를 맡아 준다고 할 때

2. 명절 용돈을 보관한다며 다 가져 가는 엄마에게

3.

4.

배경지식 꽉잡아 관련된 외국 속담을 알아봅시다.

이탈리아에는 양 치는 데★ 늑대를 활용한다는 속담이 있습니다. 늑대는 원래 양을 잡아먹었습니다. 그래서 양치기 소년과 양치기 개는 늑대가 양을 잡아먹지 못하도록 지키는 역할을 하지요. 그런데 만약 이런 역할을 늑대에게 맡긴다면 어떻게 될까요? 맡겨진 일은 하지 않고 양을 다 잡아먹지 않을까요? 그래서 이 속담 역시 믿을 수 없는 사람에게 일을 맡긴다는 뜻으로 쓰입니다.

★ 양을 치다: 양을 기르다

창의력 꽉잡아 속담을 조금 바꿔 나만의 속담을 만들어 보세요.

예 시 동생 한테 젤리 를 맡기다.

뜻 믿고 맡길 수 없다.

나만의 속담

뜻

까마귀 날자
배 떨어진다

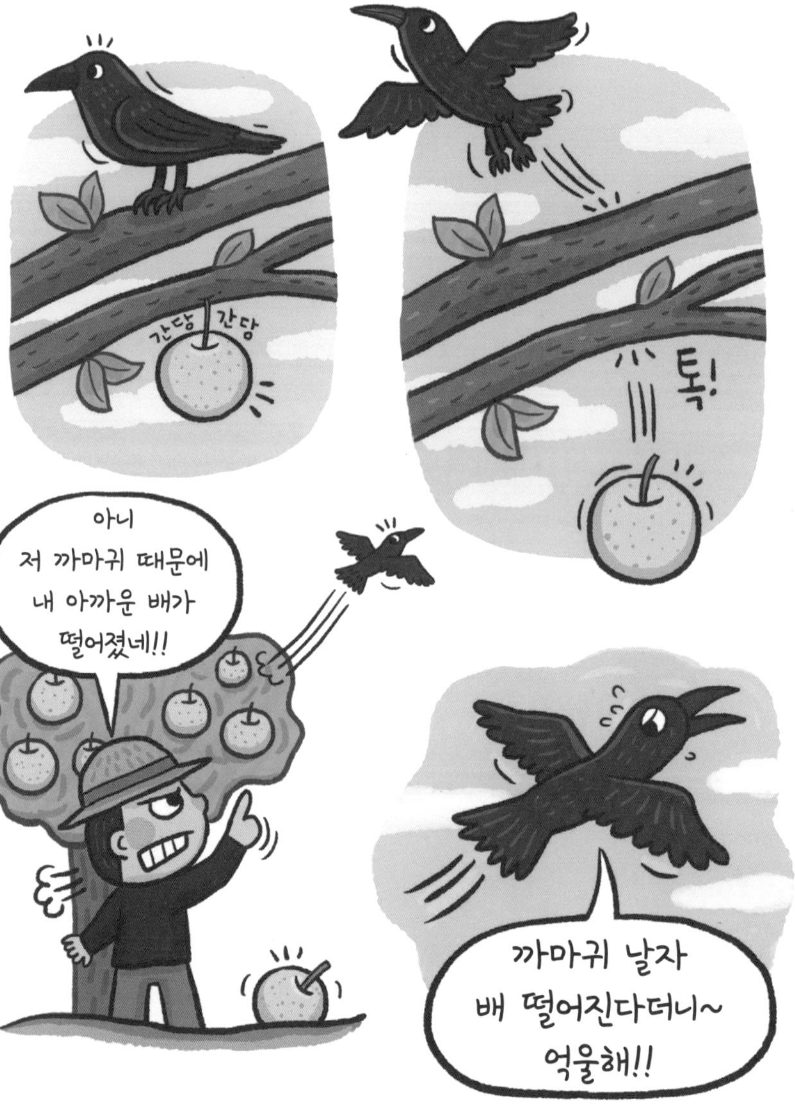

간당 간당
톡!
아니
저 까마귀 때문에
내 아까운 배가
떨어졌네!!
까마귀 날자
배 떨어진다더니~
억울해!!

어휘력 꽉잡아 속담에서 보이는 뜻을 생각해 보세요.

까마귀 날자는
까마귀가 날아오르자입니다.

배 떨어진다는
배가 나무에서 떨어진다는 뜻입니다.

↘ ↙

보이는 뜻 '까마귀가 날아오르자 그 순간 배가 나무에서 떨어진다' 입니다.

추론력 꽉잡아 속담 속에 숨은 뜻을 생각해 보세요.

까마귀 날자는
어떤 일이 일어난 때를 뜻합니다.

배 떨어진다는
다른 어떤 일이 우연히 일어남을 뜻합니다.

↘ ↙

숨은 뜻 입니다.

속담
꽉잡아

속담에 대해 자세히 알아봅시다.

만약 나무에 앉아 있던 까마귀가 날아오르는데 그 순간 옆에 있던 배가 떨어진다면 사람들은 어떻게 생각할까요? 아마 까마귀가 날아오르는 바람에 배가 떨어졌다고 생각하지 않을까요? 그래서 까마귀 날자 배 떨어진다는 아무 관계 없는 두 일이 동시에 일어나 괜히 오해를 받는다는 뜻입니다. 좋은 경우에도 쓸 수 있지만 그런 경우는 드물며 거의 부정적인★ 상황에서만 쓰입니다.

★ 부정적: 바람직하지 못한 것

활용력
꽉잡아

속담을 사용할 수 있는 다양한 상황을 생각해 보세요.

1. 나 혼자 남아 있던 교실에서 돈이 없어져서 내가 의심을 받는다.

2. 내가 사용한 후 게임기가 고장나서 나 때문이라고 생각한다.

3.

4.

배경지식 꽉잡아 관련된 외국 속담을 알아봅시다.

이탈리아에는 까마귀는 죽은 양을 위해 울고 난 후 먹는다는 속담이 있습니다. 야비한 사람은 남을 위하는 척하지만 결국 자기 이익을 챙긴다는 뜻인데요. 까마귀는 전 세계 거의 모든 곳에서 나쁜 동물로 여겨집니다. 검은색 깃털과 까악까악하고 불길★하게 우는 소리 그리고 다른 동물의 사체를 뜯어 먹는 모습 때문으로 보입니다.

★ 불길하다: 운수 따위가 좋지 아니하다.

창의력 꽉잡아 속담을 조금 바꿔 나만의 속담을 만들어 보세요.

예 시 | 아빠가 나타나자 | 맥주 | 떨어진다.

뜻 아빠는 맥주가 있으면 다 마셔 버린다.

나만의 속담

뜻

낮말은 새가 듣고 밤말은 쥐가 듣는다

소곤
소곤
소곤
소곤
나무꾼 김씨가 그러는데 글쎄~
헉! 정말이야!!
나무꾼 김씨가 말했는데 글쎄~
헉! 정말이야!!
낮말은 새가 듣고 밤말은 쥐가 듣는다더니.

어휘력 꽉잡아

속담에서 보이는 뜻을 생각해 보세요.

소곤
소곤

낮말은
낮에 하는 말을 말합니다.

소곤
소곤

밤말은
밤에 하는 말을 말합니다.

보이는 뜻 '낮에 하는 말은 새가 듣고 밤에 하는 말은 쥐가 듣는다' 입니다.

추론력 꽉잡아

속담 속에 숨은 뜻을 생각해 보세요.

나무꾼 김씨가 그러는데 글쎄~
헉! 정말이야!!

낮말은 새가 듣고는
이렇게 말해도 누가 듣고를 뜻합니다.

나무꾼 김씨가 말했는데 글쎄~
헉! 정말이야!!

밤말은 쥐가 듣는다는
저렇게 말해도 누가 들음을 뜻합니다.

숨은 뜻 입니다.

속담 꽉잡아 속담에 대해 자세히 알아봅시다.

하루는 낮과 밤으로 이루어져 있습니다. 낮이 아니면 밤이고 밤이 아니면 낮인 셈이죠. 낮말은 새가 듣고 밤말은 쥐가 듣는다면 24시간 내내 누군가가 듣고 있다는 겁니다. 그래서 낮말은 새가 듣고 밤말은 쥐가 듣는다는 언제나 듣는 사람이 있으니 말을 조심해야 한다는 뜻입니다. 그런데 왜 밤말은 쥐가 듣는 걸까요? 바로 쥐는 야행성 동물★이기 때문입니다.

★ 야행성 동물: 낮에 자고 밤에 활동하는 동물

활용력 꽉잡아 속담을 사용할 수 있는 다양한 상황을 생각해 보세요.

1. 한 친구에게만 비밀을 말했는데 다른 친구들도 모두 알아버렸다.

2. 축구 시합에서 작전을 이야기했는데 작전이 들켰다.

3.

4.

배경지식 꽉잡아

관련된 외국 속담을 알아봅시다.

미국에는 벽에도 귀가 있다는 속담이 있습니다. 이 표현은 누군가가 듣고 있을 수 있으니 늘 말을 조심하라는 의미입니다. 실제로 벽에 귀가 있거나 혹은 있다고 생각하는 것은 아닙니다. 생명이 없는 벽에도 귀가 있다고 생각될 정도로 말은 쉽게 새어 나간다★는 뜻입니다. 아무도 없다고 방심하여 말을 함부로 해서는 안 되겠습니다.

★ 말이 새어 나가다: 비밀로 한 말을 다른 이가 알게 되다.

창의력 꽉잡아

속담을 조금 바꿔 나만의 속담을 만들어 보세요.

예 시 [학교] 말은 [하윤이가] 듣고 [학원] 말은 [민서가] 듣는다.

뜻 어딜 가든 친구가 있고 내 이야기를 들어 줘서 좋다.

나만의 속담

뜻

닭 쫓던 개 지붕 쳐다본다

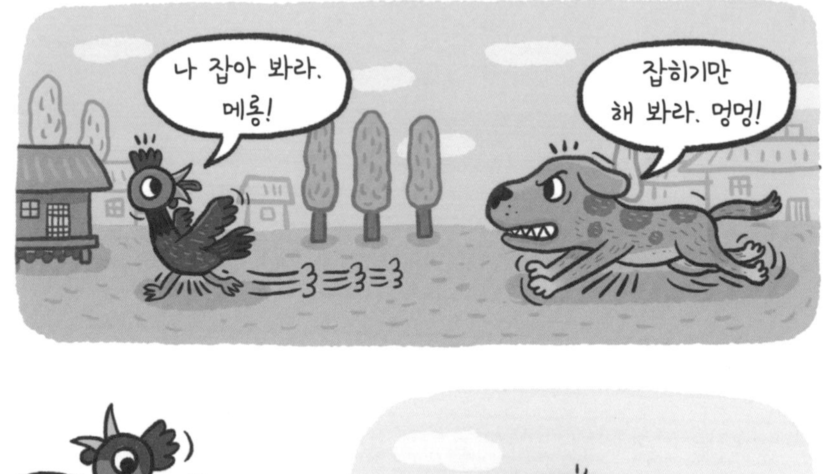
나 잡아 봐라. 메롱!
잡히기만 해 봐라. 멍멍!
푸더덕
닭 쫓던 개 지붕 쳐다본다더니. ㅜㅜ

어휘력 꽉잡아

속담에서 보이는 뜻을 생각해 보세요.

쫓던은
무언가를 잡기 위해 급히 따라가던이란 뜻입니다.

지붕은
집의 맨 꼭대기 부분입니다.

보이는 뜻

'닭을 잡으려고 따라가던 개가 지붕을 쳐다본다' 입니다.

추론력 꽉잡아

속담 속에 숨은 뜻을 생각해 보세요.

닭 쫓던은
무언가 하려고 애쓰던을 뜻합니다.

지붕 쳐다본다는
어쩔 도리가 없음을 뜻합니다.

숨은 뜻

입니다.

속담 꽉잡아

속담에 대해 자세히 알아봅시다.

옛날에는 집에서 개와 닭을 기르는 일이 흔했습니다. 사냥 본능★이 있는 개가 닭을 쫓으면 날개가 있는 닭은 개를 피해 지붕이나 높은 곳으로 도망가게 됩니다. 닭이 지붕 위로 올라가면 따라가던 개는 무엇을 할 수 있을까요? 날개가 없으니 멍하니 쳐다볼 수밖에 없겠죠. 그래서 닭 쫓던 개 지붕 쳐다본다는 무언가를 하려고 애쓰다가 실패해 어떻게 할 도리가 없다는 뜻입니다.

★ 본능: 배운 것이 아닌 타고난 행동 방식

활용력 꽉잡아

속담을 사용할 수 있는 다양한 상황을 생각해 보세요.

1. 달리기 연습을 열심히 했지만 선수가 되지 못했다.

2. 100점을 받으면 선물을 받기로 했는데 90점을 받았다.

3.

4.

배경지식 꽉잡아

관련된 외국 속담을 알아봅시다.

중국에는 부화★하기 전에 닭을 세지 마라는 속담이 있습니다. 계란에서 닭이 나오는 것은 사실입니다. 하지만 닭이 되기 전에 계란이 깨질 수도 있고 병아리 시절에 죽을 수도 있습니다. 그래서 이 속담은 어떤 일이 실제로 일어나기 전에 미리 너무 큰 기대를 갖지 말라는 뜻입니다.

★ 부화: 알에서 새끼가 껍데기를 깨고 밖으로 나옴

창의력 꽉잡아

속담을 조금 바꿔 나만의 속담을 만들어 보세요.

예 시 [공] 쫓던 [축구 선수] [골대] 쳐다본다.

뜻 공을 뺏으려고 했지만 골이 들어가 버렸다.

나만의 속담 [ ]

뜻

2주차 복습

1. 다음 빈칸에 들어갈 말을 보기에서 찾아 써 보세요.

보기 쫓던, 생선, 떨어진다, 밤말, 고슴도치

1) [ ] 도 제 새끼는 함함하다고 한다

2) 고양이한테 [ ] 을 맡기다

3) 까마귀 날자 배 [ ]

4) 낮말은 새가 듣고 [ ] 은 쥐가 듣는다

5) 닭 [ ] 개 지붕 쳐다본다

2. 다음 뜻을 가진 단어를 보기에서 찾아 써 보세요.

보기 본능, 부화, 불길하다, 양을 치다, 야행성 동물, 부정적, 함함하다

1) 털이 보드랍고 반지르르함 ➡

2) 양을 기르다 ➡

3) 바람직하지 못한 것 ➡

4) 운수 따위가 좋지 아니하다 ➡

5) 낮에 자고 밤에 활동하는 동물 ➡

6) 배운 것이 아닌 타고난 행동 방식 ➡

7) 알에서 새끼가 껍데기를 깨고 밖으로 나옴 ➡

3. 다음 속담을 보고 그 뜻으로 알맞은 것을 골라 선으로 연결하세요.

고슴도치도 제 새끼는 함함하다고 한다	믿을 수 없는 사람에게 어떤 일이나 물건을 부탁하고 걱정하는 상황
고양이한테 생선을 맡기다	무언가를 하려고 애쓰다가 실패해 어떻게 할 도리가 없다
까마귀 날자 배 떨어진다	아무 관계 없는 두 일이 동시에 일어나 괜히 오해를 받는다
낮말은 새가 듣고 밤말은 쥐가 듣는다	부모 눈에 자기 자식은 다 예뻐 보인다
닭 쫓던 개 지붕 쳐다본다	언제나 듣는 사람이 있으니 말을 조심해야 한다

4. 다음 속담과 그 뜻을 읽고 이에 대한 여러분의 생각을 글로 써 보세요.

낮말은 새가 듣고
밤말은 쥐가 듣는다

언제나 듣는 사람이 있으니 말을 조심해야 한다

속담왕

3주차

뛰어 봤자 벼룩

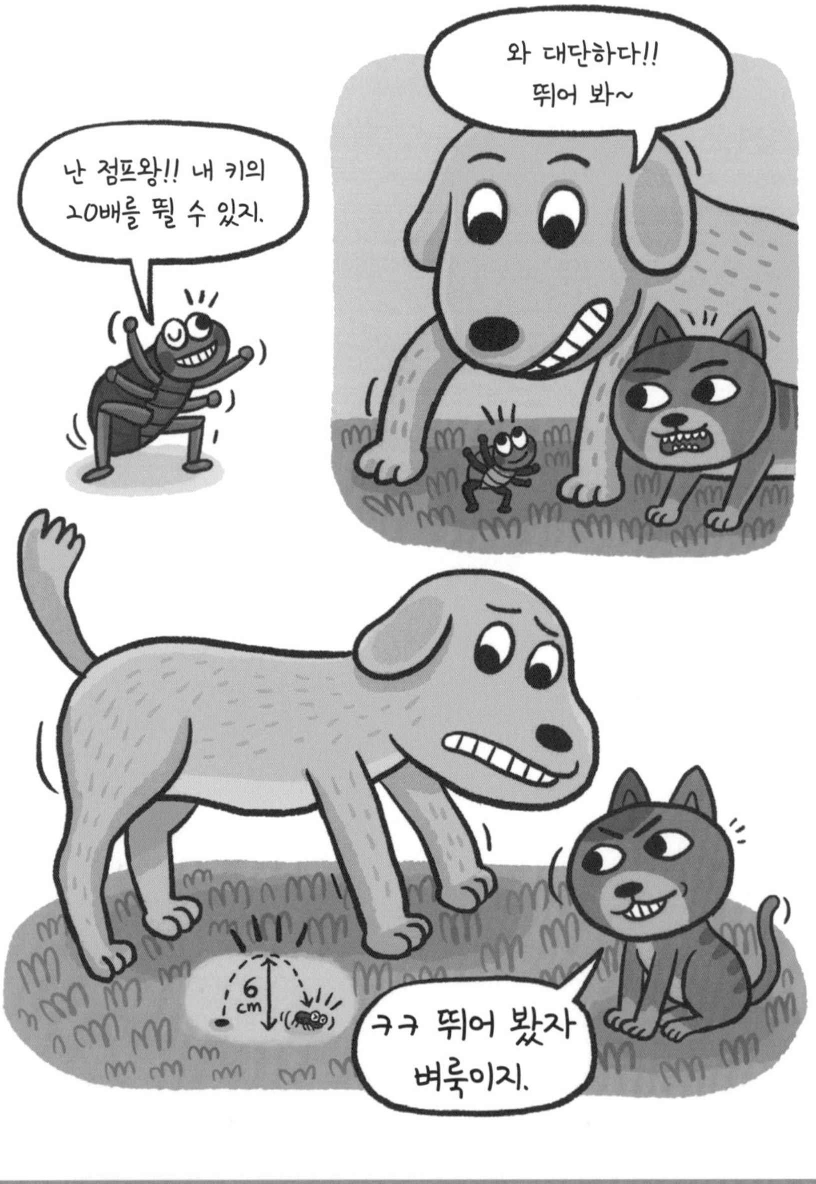
난 점프왕!! 내 키의
20배를 뛸 수 있지.
와 대단하다!!
뛰어 봐~
6 cm
ㅋㅋ 뛰어 봤자
벼룩이지.

어휘력 꽉잡아 속담에서 보이는 뜻을 생각해 보세요.

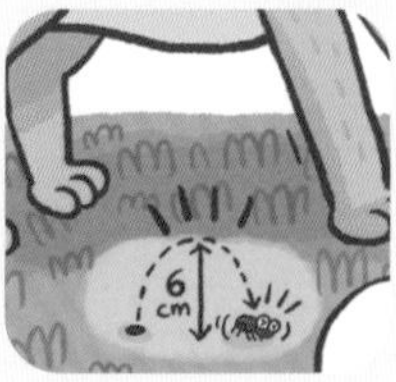

뛰어 봤자는
점프를 한다고 해도라는 말입니다.

벼룩은
3mm 정도의 아주 작은 곤충입니다.

↘ ↙

보이는 뜻 '점프를 한다고 해도 벼룩만큼밖에 안된다' 입니다.

추론력 꽉잡아 속담 속에 숨은 뜻을 생각해 보세요.

뛰어 봤자는
무언가를 노력한다고 해도라는 뜻입니다.

벼룩은
매우 작음을 뜻합니다.

↘ ↙

숨은 뜻 입니다.

속담 꽉잡아 속담에 대해 자세히 알아봅시다.

벼룩은 자기 몸 크기의 20~30배 정도를 뛸 수 있다고 합니다. 굉장한 점프력★을 가진 셈입니다. 하지만 몸의 길이가 2~4mm 정도라 실제로 뛸 수 있는 높이는 10cm 내외에 불과합니다. 그래서 뛰어 봤자 벼룩이라는 말은 무언가를 노력해 봤자 별 의미가 없다는 뜻입니다. 보통 상대방에게 '네가 뛰어 봤자 벼룩이지' 처럼 말할 때 사용합니다.

★ 점프력: 위로 뛰어오를 수 있는 능력

활용력 꽉잡아 속담을 사용할 수 있는 다양한 상황을 생각해 보세요.

1. 다리를 다쳐 느릿느릿 도망가는 도둑을 잡으러 경찰이 뛰어갈 때

2. 아장아장 걷는 사촌 동생이 내게 장난치고 도망갈 때

3.

4.

배경지식 꽉잡아

관련된 외국 속담을 알아봅시다.

독일에는 벼룩을 잡는 일 외에는 서둘러서는 안 된다는 속담이 있습니다. 벼룩은 모기처럼 사람의 피를 빨아먹는 해충★입니다. 게다가 물리면 아프기도 하고 전염병을 옮기기도 하지요. 벼룩이 있다면 빨리 잡아야 하겠죠. 그래서 이 속담은 아주 급한 일을 제외하면 어떤 일을 하든 서두르지 말고 천천히 하라는 뜻입니다.

★ 해충: 사람에게 피해를 입히는 벌레

창의력 꽉잡아

속담을 조금 바꿔 나만의 속담을 만들어 보세요.

예 시 달려 봤자 거북 이다.

뜻 노력을 해 봤자 좋은 결과를 얻기 어렵다.

나만의 속담

뜻

못된 송아지 엉덩이에 뿔난다

나는야 못된 송아지!!
?
어? 엉덩이에 뭐가 나네?
아이고 가려워.
긁적긁적
못된 송아지 엉덩이에 뿔난다더니.

어휘력 꽉잡아

속담에서 보이는 뜻을 생각해 보세요.

송아지는
어린 소입니다.

뿔난다는
뿔이 나온다는 말입니다.

보이는 뜻

'성질 나쁜 어린 소의 엉덩이에 뿔이 나온다' 입니다.

추론력 꽉잡아

속담 속에 숨은 뜻을 생각해 보세요.

못된 송아지는
성격이 나쁜 사람을 뜻합니다.

엉덩이에 뿔난다는
못된 짓을 골라 한다를 뜻합니다.

숨은 뜻

입니다.

속담 꽉잡아 속담에 대해 자세히 알아봅시다.

송아지 머리에 뿔이 나오면 매우 가렵다고 합니다. 그래서 연신★ 머리를 기둥에 긁어대고는 하지요. 만약 엉덩이에 뿔이 나면 어떨까요? 가려워서 잠시도 가만히 있지 못하고 엉덩이를 긁어대고 돌아다니겠죠? 그래서 못된 송아지 엉덩이에 뿔 난다는 평소에 성격이 나쁜 사람이 못된 짓을 골라 한다는 의미입니다. 속담의 주인공이 송아지인만큼 어른이 아닌 아이에게 주로 사용하는 표현입니다.

★ 연신: 잇따라 자꾸

활용력 꽉잡아 속담을 사용할 수 있는 다양한 상황을 생각해 보세요.

1. 욕심이 많은 아이가 친구들에게 못된 장난을 할 때

2. 평소 욕을 잘하는 아이가 친구를 때렸을 때

3.

4.

배경지식 꽉잡아

관련된 외국 속담을 알아봅시다.

영국에는 자주 씻는다고 까마귀가 하얘지지 않는다는 속담이 있습니다. 까맣게 타고난 까마귀가 씻는다고 그 색이 빠질 리 없죠. 그래서 이 속담은 타고난 성격은 쉽게 바뀌지 않는다는 뜻입니다. 예로부터 검은색은 밤, 어둠, 죽음이 떠올라 부정적인 것과 많이 연결됩니다. 그래서 주로 나쁜 성격이 바뀌지 않는다는 의미로 사용됩니다.

창의력 꽉잡아

속담을 조금 바꿔 나만의 속담을 만들어 보세요.

예 시 착한 민준이 두 손 에 초콜릿 난다.

뜻 착한 행동을 했으니 초콜릿 달라는 뜻

나만의 속담

뜻

바늘 도둑이 소도둑 된다

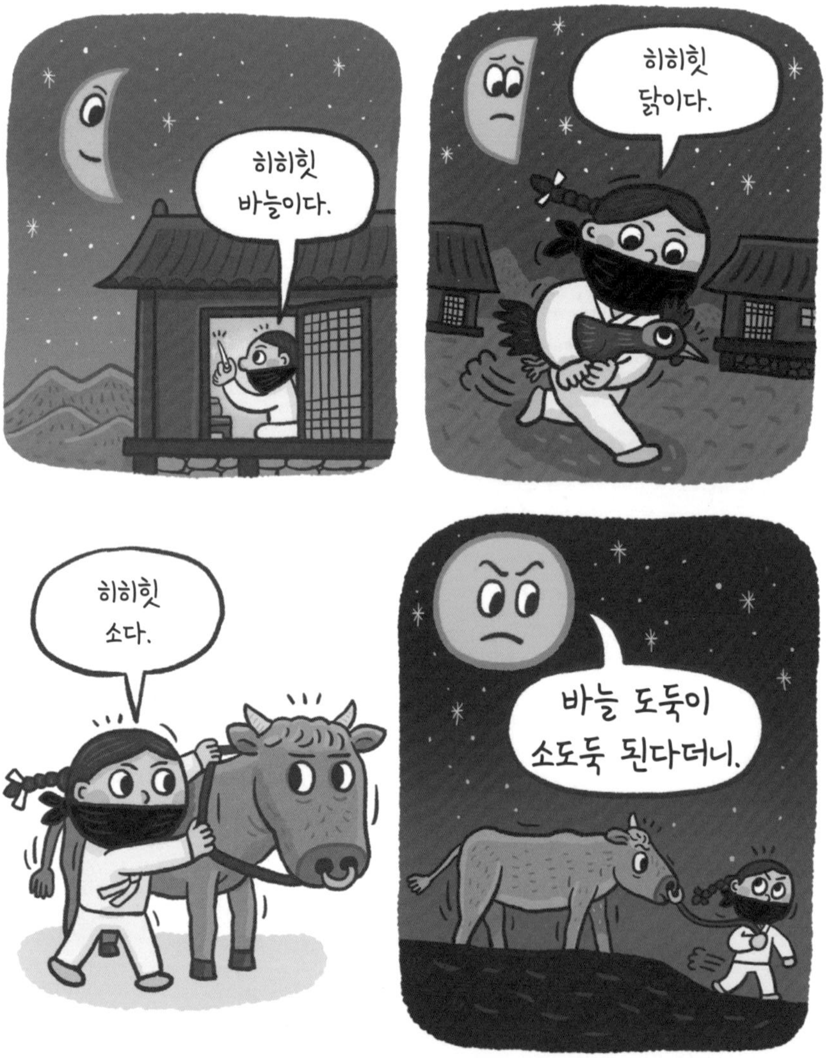
히히힛 바늘이다.
히히힛 닭이다.
히히힛 소다.
바늘 도둑이 소도둑 된다더니.

어휘력 꽉잡아

속담에서 보이는 뜻을 생각해 보세요.

바늘 도둑은
바늘을 훔친 사람입니다.

소도둑은
소를 훔친 사람을 말합니다.

보이는 뜻

'바늘을 훔친 사람이 소를 훔치는 사람이 된다' 입니다.

추론력 꽉잡아

속담 속에 숨은 뜻을 생각해 보세요.

바늘 도둑은
작은 나쁜 짓을 뜻합니다.

소도둑은
큰 나쁜 짓을 뜻합니다.

숨은 뜻

입니다.

속담 꽉잡아

속담에 대해 자세히 알아봅시다.

바늘은 아주 작고 값싼 물건입니다. 반면 소는 매우 비싸고 귀한★ 동물이지요. 그래서 바늘 도둑이 소도둑 된다는 처음에는 작은 도둑질로 시작해서 점점 큰 도둑질을 한다는 의미입니다. 작은 잘못이라도 하다 보면 점점 커져 결국에는 큰 잘못을 저지르게 되니 아무리 작은 잘못이라도 나쁜 행동을 하지 말라는 뜻입니다.

★ 귀한: 아주 소중한

활용력 꽉잡아

속담을 사용할 수 있는 다양한 상황을 생각해 보세요.

1. 내 과자를 몰래 훔쳐 먹는 동생에게 주의를 줄 때

2. 숙제를 하는데 친구가 내 것을 자꾸 베껴 쓸 때

3.

4.

배경지식 꽉잡아

관련된 외국 속담을 알아봅시다.

에티오피아에는 악★은 바늘처럼 들어와 참나무처럼 퍼진다는 속담이 있습니다. 참나무는 대부분 높이가 8m를 넘는 매우 큰 나무입니다. 그래서 이 속담은 나쁜 행동, 나쁜 습관은 바늘처럼 작게 시작되지만 결국에는 참나무처럼 매우 커진다는 뜻입니다. 전 세계 어디서나 작은 잘못을 하다보면 점점 큰 잘못을 저지르게 된다는 사실을 알 수 있습니다.

★ 악: 나쁜 것

창의력 꽉잡아

속담을 조금 바꿔 나만의 속담을 만들어 보세요.

예시 | 밥 도둑 | 이 | 내 뱃살 | 된다.

뜻 간장게장이 맛있어서 많이 먹었더니 배가 너무 부르다.

나만의 속담

뜻

뱁새가 황새 따라가다 가랑이가 찢어진다

우아하게
나도 황새처럼 우아하게~
난 따라쟁이
아야!!
쫙!
뱁새가 황새 따라가다 가랑이가 찢어진다더니.

어휘력 꽉잡아

속담에서 보이는 뜻을 생각해 보세요.

뱁새는
작은 새입니다.

가랑이는
두 다리 사이를 말합니다.

↘ ↙

보이는 뜻 '작은 새가 큰 새를 따라가다가 다리 사이가 찢어진다' 입니다.

추론력 꽉잡아

속담 속에 숨은 뜻을 생각해 보세요.

뱁새는
능력이 부족한 사람을 뜻합니다.

가랑이 찢어진다는
해를 입는다는 뜻입니다.

↘ ↙

숨은 뜻 입니다.

속담 꽉잡아

속담에 대해 자세히 알아봅시다.

뱁새는 키가 13cm 정도 되는 작은 새인 반면 황새는 1m가 넘는 큰 새입니다. 키 차이만큼 보폭★의 크기도 당연히 황새가 큽니다. 만약 뱁새가 황새를 흉내내어 걸으면 어떻게 될까요? 다리가 찢어지지 않을까요? 그래서 뱁새가 황새 따라가다 가랑이가 찢어진다는 자기 분수에 맞지 않은 행동을 하면 도리어 해를 입는다는 뜻입니다.

★ 보폭: 한 걸음을 걷는 거리

활용력 꽉잡아

속담을 사용할 수 있는 다양한 상황을 생각해 보세요.

1. 영어 잘하는 친구가 읽는 책을 따라 읽었는데 하나도 이해가 안 될 때

2. 매일 달리기를 하는 친구를 따라 뛰다가 너무 힘들 때

3.

4.

배경지식 꽉잡아

관련된 외국 속담을 알아봅시다.

러시아에는 자를 수 있는 나무를 잘라라는 속담이 있습니다. 도끼로 나무를 자르는 일은 생각보다 상당히 고된★ 일입니다. 나무가 쓰러질 때까지 도끼질을 해야 하니까요. 만약 내 능력보다 더 큰 나무를 자르려고 한다면 고생만 하고 얻는 것은 아무 것도 없을 것입니다. 그래서 이 속담은 자기 능력에 맞는 일을 하라는 뜻입니다.

★ 고된: 하는 일이 힘에 겨워 힘든

창의력 꽉잡아

속담을 조금 바꿔 나만의 속담을 만들어 보세요.

예 시 | 아빠 | 가 | 엄마 | 따라가다 | 가랑이가 찢어진다.

뜻 엄마가 하는 요가 동작을 따라하다 아빠가 다쳤다.

나만의 속담

뜻

번데기 앞에서 주름잡는다

봐. 나 주름 많지~
와 주름이 멋지다.
애들아 좀 비켜 줄래!
헉!
나 좀 지나갈게!
번데기 앞에서 주름잡는다더니.

어휘력 꽉잡아 속담에서 보이는 뜻을 생각해 보세요.

번데기는
곤충이 성충★이 되기 전 시기입니다.

주름은
나이가 들어 피부에 생긴 잔줄을 말합니다.

↘ ↙

보이는 뜻 '번데기 앞에서 주름을 자랑한다' 입니다.

★ 성충: 다 자란 곤충

추론력 꽉잡아 속담 속에 숨은 뜻을 생각해 보세요.

번데기는
실력이 뛰어난 사람을 뜻합니다.

주름 잡는다는
실력을 뽐낸다는 뜻입니다.

↘ ↙

숨은 뜻 입니다.

속담 꽉잡아 속담에 대해 자세히 알아봅시다.

길거리 간식★으로 오랫동안 사랑받아 온 번데기는 주름이 매우 많습니다. 이런 번데기 앞에서 주름을 잡고 자랑한다면 어떨까요? 전혀 자랑이 되지 않을뿐더러 우스꽝스러울 겁니다. 그래서 번데기 앞에서 주름잡는다는 자신보다 더 뛰어난 사람 앞에서 능력을 자랑하지 말라는 뜻입니다. 전혀 자랑이 되지 않으니 그만하라는 의미를 담고 있습니다.

★ 간식: 끼니와 끼니 사이에 먹는 간단한 음식

활용력 꽉잡아 속담을 사용할 수 있는 다양한 상황을 생각해 보세요.

1. 친구가 축구 선수 앞에서 축구 실력을 뽐낼 때

2. 수학 경시 대회에서 우승한 아이 앞에서 수학 실력을 뽐낼 때

3.

4.

배경지식 꽉잡아

관련된 외국 속담을 알아봅시다.

미국에는 물고기에게 수영하는 법을 가르치기라는 속담이 있습니다. 태어나는 순간부터 헤엄을 치는 물고기에게 수영은 사람이 숨 쉬는 것처럼 자연스러운 일입니다. 게다가 아무리 수영을 잘하는 사람이라도 물고기보다 수영을 잘할 수는 없을 겁니다. 그래서 이 속담은 자신보다 더 잘하는 사람 앞에서 실력을 뽐낸다는 뜻입니다.

창의력 꽉잡아

속담을 조금 바꿔 나만의 속담을 만들어 보세요.

예 시 | 미국인 | 앞에서 | 영어 쓴다.

뜻 나보다 잘하는 사람 앞에서 실력을 보여야 해서 부끄럽다.

나만의 속담

뜻

3주차 복습

1. 다음 빈칸에 들어갈 말을 보기에서 찾아 써 보세요.

보기 엉덩이, 주름잡기, 바늘 도둑, 찢어진다, 벼룩

1) 뛰어 봤자 [ ] 이다.

2) 못된 송아지 [ ] 에 뿔난다

3) [ ] 이 소도둑 된다

4) 뱁새가 황새 따라가다 가랑이가 [ ]

5) 번데기 앞에서 [ ]

2. 다음 뜻을 가진 단어를 보기에서 찾아 써 보세요.

보기 해충, 악, 가랑이, 연신, 간식, 성충, 고된

1) 사람에게 피해를 입히는 벌레 ➡

2) 잇따라 자꾸 ➡

3) 나쁜 것 ➡

4) 두 다리 사이 ➡

5) 하는 일이 힘에 겨워 힘든 ➡

6) 다 자란 곤충 ➡

7) 끼니와 끼니 사이에 먹는 간단한 음식 ➡

3. 다음 속담을 보고 그 뜻으로 알맞은 것을 골라 선으로 연결하세요.

뛰어 봤자 벼룩이다 ●	● 무언가를 노력해 봤자 별 의미가 없다
못된 송아지 엉덩이에 뿔난다 ●	● 자기 분수에 맞지 않은 행동을 하면 도리어 해를 입는다
바늘 도둑이 소도둑 된다 ●	● 자신보다 더 뛰어난 사람 앞에서 능력을 자랑한다
뱁새가 황새 따라가다 가랑이가 찢어진다 ●	● 평소에 성격이 나쁜 사람이 못된 짓을 골라 한다
번데기 앞에서 주름잡기 ●	● 작은 잘못이 점점 커져 큰 잘못이 되니 아무리 작은 잘못이라도 나쁜 행동을 하지 마라

4. 다음 속담과 그 뜻을 읽고 이에 대한 여러분의 생각을 글로 써 보세요.

바늘 도둑이 소도둑 된다

작은 잘못이 점점 커져 큰 잘못이 되니
아무리 작은 잘못이라도 나쁜 행동을 하지 마라

속담왕

4주차

벼룩의 간을 내어 먹는다

나는 흡혈귀.
다른 사람들의 피를
빨아먹고 살지.
앗 따가워
누가 나를 물었지?
벼룩 너구나~
나도 네 피를 빨아먹어야겠다.
으악!! 벼룩의 간을
내어 먹는다더니.

어휘력 꽉잡아

속담에서 보이는 뜻을 생각해 보세요.

간은
우리 몸속 장기★ 중 하나입니다.

으악!! 벼룩의 간을
내어 먹는다더니.

내어는
안에서 밖으로 옮긴다는 말입니다.

↘ ↙

보이는 뜻

'벼룩의 몸에서 간을 꺼내서 먹는다' 입니다.

★ 장기: 내장의 여러 기관

추론력 꽉잡아

속담 속에 숨은 뜻을 생각해 보세요.

벼룩의 간은
형편이 어려운 사람의 소중한 무언가를 뜻합니다.

내어 먹는다는
뺏거나 욕심을 낸다는 뜻입니다.

↘ ↙

숨은 뜻

입니다.

속담 꽉잡아 속담에 대해 자세히 알아봅시다.

벼룩은 3mm 크기의 매우 작은 곤충입니다. 그러면 벼룩의 간은 또 얼마나 작을까요? 그래서 벼룩의 간을 내어 먹는다는 것은 매우 형편이 어려운 사람의 소중한 무언가를 뺏으려 욕심을 낸다는 뜻입니다. 사실 곤충에게는 해독★ 역할을 하는 간이 없다고 해요. 그럼에도 이런 속담이 있는 이유는 옛날에는 벼룩에 간이 없다는 사실을 몰랐기 때문입니다.

★ 해독: 몸 안에 들어간 독성 물질의 작용을 없앰

활용력 꽉잡아 속담을 사용할 수 있는 다양한 상황을 생각해 보세요.

1. 어린 사촌 동생의 분유를 뺏어 먹을 때

2. 얼마 안 되는 용돈을 언니가 나눠 달라고 할 때

3.

4.

배경지식 꽉잡아

관련된 외국 속담을 알아봅시다.

영국에는 순무에서 피를 짜낼 순 없다는 속담이 있습니다. 순무는 자주빛을 띠는 무의 일종입니다. 자주색이라 즙★을 짜면 그 색이 피와 매우 비슷해 보입니다. 하지만 당연히 피는 아니죠. 그래서 이 속담은 다른 사람이 갖고 있지 않은 것을 억지로 얻어낼 수 없다는 뜻입니다. 비슷한 뜻으로 바위에서 꿀을 얻을 순 없다는 표현도 있습니다.

★ 즙: 물기가 있는 물체에서 짜낸 액체

창의력 꽉잡아

속담을 조금 바꿔 나만의 속담을 만들어 보세요.

예 시 [모기] 의 [피] 를 [빨아] 먹는다.

뜻 당한 대로 돌려준다.

나만의 속담

뜻

빈대 잡으려고 초가삼간 태운다

앗 따가워. 빈대가 있네.
앗 따가워. 나도 물렸어.
저 빈대를 어떻게 잡지?
집에 불을 붙여서 빈대를 잡자.
긁적 긁적
활활
활활
헉!! 빈대 잡으려고 초가삼간 태운다더니.
형, 이제 빈대는 없어 졌겠지!

어휘력 꽉잡아

속담에서 보이는 뜻을 생각해 보세요.

빈대는
동물의 피를 빨아먹는 곤충입니다.

초가삼간은
작은 초가집을 말합니다.

보이는 뜻
'빈대를 잡으려 작은 초가집에 불을 지른다' 입니다.

추론력 꽉잡아

속담 속에 숨은 뜻을 생각해 보세요.

집에 불을 붙여서 빈대를 잡자.

빈대 잡으려고는
작은 문제를 해결하려고라는 뜻입니다.

초가삼간 태운다는
큰 손해를 입는 행동을 뜻합니다.

숨은 뜻
입니다.

속담
꽉잡아

속담에 대해 자세히 알아봅시다.

벼룩과 마찬가지로 빈대 역시 사람과 가축★의 피를 빨아먹는 해충입니다. 물리면 가렵고 심하면 잠을 잘 수 없기에 반드시 해결해야 할 귀찮은 존재입니다. 그렇다고 해서 빈대를 잡으려고 집에 불을 지를 수는 없습니다. 빈대보다 집에 불이 나는 것이 더 큰 피해이기 때문입니다. 그래서 빈대 잡으려고 초가삼간 태운다는 작은 문제를 해결하려고 큰 손해를 입을 수 있는 행동을 한다는 뜻입니다.

★ 가축: 소나 돼지 따위의 집에서 기르는 짐승

활용력
꽉잡아

속담을 사용할 수 있는 다양한 상황을 생각해 보세요.

1. 장난감을 고치려다 오히려 완전히 망가뜨렸다.

2. 살을 빼려고 굶다가 건강이 나빠졌다.

3.

4.

배경지식 꽉잡아

관련된 외국 속담을 알아봅시다.

미국에는 목욕물 버리다 아기까지 버리지 마라는 속담이 있습니다. 아기를 목욕시키고 나면 목욕물을 버려야 합니다. 하지만 아기를 함께 버려서는 안되겠죠? 여기서 목욕물은 필요 없는 것을 뜻하고 아기는 소중한 것을 뜻합니다. 그래서 빈대 잡으려고 초가삼간 태운다와 마찬가지로 사소한★ 문제를 해결하려다 중요한 것을 잃지 말라는 의미를 담고 있습니다.

★ 사소하다: 보잘것없이 작거나 적다.

창의력 꽉잡아

속담을 조금 바꿔 나만의 속담을 만들어 보세요.

예 시 | 모기 | 잡으 | 려고 | 뺨 때린다.

뜻 문제를 해결하려다 다른 손해를 입는다.

나만의 속담

뜻

서당개 삼 년이면 풍월을 읊는다

하늘
천
따
지
멍멍
멍
멍
멍
조~용
조~용
서당 개 삼 년이면 풍월을 읊는다더니.
집
우
집
주
멍
멍
멍
멍

어휘력 꽉잡아 속담에서 보이는 뜻을 생각해 보세요.

서당 개 삼 년이면은
서당에서 개를 3년 기르면입니다.

풍월을 읊는다는
자연의 아름다움을 담은 시를 노래한다는
뜻입니다.

↘ ↙

보이는 뜻: '서당에서 개를 3년 기르면 시를 노래한다' 입니다.

추론력 꽉잡아 속담 속에 숨은 뜻을 생각해 보세요.

서당 개 삼 년이면은
남들이 하는 걸 자꾸 보기만 해도라는 뜻입니다.

풍월을 읊는다는
지식과 경험이 쌓인다는 뜻입니다.

↘ ↙

숨은 뜻: ________________ 입니다.

속담 꽉잡아 속담에 대해 자세히 알아봅시다.

옛날 서당은 지금의 학교처럼 아이들에게 한문★을 가르치던 곳입니다. 이곳에 가면 아이들이 시조를 외우고 있는 모습을 흔히 볼 수 있습니다. 그래서 서당에서 3년 정도 살다 보면 아이들이 외우는 시조를 어느 정도는 따라할 수 있게 됩니다. 따라서 서당 개 삼 년이면 풍월을 읊는다는 어떤 분야든 남들이 하는 것을 꾸준히 듣고 보기만 해도 지식과 경험이 쌓여 아는 것이 생긴다는 뜻입니다.

★ 한문: 한자만으로 쓴 글

활용력 꽉잡아 속담을 사용할 수 있는 다양한 상황을 생각해 보세요.

1. 영어 공부하는 형 옆에 있던 동생이 몇 마디를 따라 한다.

2. 아빠 낚시를 따라가던 아이가 낚시를 할 수 있게 된다.

3.

4.

배경지식 꽉잡아

관련된 외국 속담을 알아봅시다.

미국에는 늙은 수탉★이 우는 대로 아기 수탉이 운다는 속담이 있습니다. 수탉은 새벽마다 횃대에 올라 크게 소리 내어 웁니다. 이 소리를 듣고 사람들은 아침이 온다는 걸 알게 되지요. 그런데 이런 수탉의 모습을 아기 수탉들이 보고 배웁니다. 그리고 이를 흉내내지요. 그래서 이 속담은 어른들, 특히 부모가 하는 행동을 아이들이 보고 배운다는 뜻입니다.

★ 수탉: 닭의 수컷

창의력 꽉잡아

속담을 조금 바꿔 나만의 속담을 만들어 보세요.

예 시 | 엄마 딸 | 삼 년이면 | 라면을 끓인다.

뜻 요리를 잘하는 엄마를 보고 배웠다.

나만의 속담

뜻

소 잃고 외양간 고친다

외양간 문이 고장났네요. 어서 고치세요.
나중에.
다음날
헉!
헉! 소가 도망갔네.
지금이라도 고치자
뚝딱
뚝딱
소 잃고 외양간 고친다더니.

어휘력 꽉잡아

속담에서 보이는 뜻을 생각해 보세요.

헉!

소 잃고는
소를 잃어버리고입니다.

외양간은
소를 기르는 곳을 말합니다.

보이는 뜻 '소를 잃어버린 후에야 외양간을 고친다' 입니다.

추론력 꽉잡아

속담 속에 숨은 뜻을 생각해 보세요.

헉!

소 잃고는
이미 문제가 발생한 후를 뜻합니다.

지금이라도
고치자~

외양간 고친다는
후회한다를 뜻합니다.

숨은 뜻 입니다.

속담 꽉잡아

속담에 대해 자세히 알아봅시다.

농사를 짓던 우리 민족에게 소는 매우 귀한 동물이었습니다. 밭★을 가는 등 힘쓰는 일을 잘하기 때문입니다. 소중한 소를 잘 지키기 위해서는 미리미리 외양간을 잘 관리해야 합니다. 이미 소를 잃은 후에는 외양간을 고쳐 봤자 소용이 없으니까요. 그래서 소 잃고 외양간 고친다는 이미 문제가 발생한 후 뒤늦게 후회한다는 뜻입니다.

★ 밭: 농사를 짓는 땅

활용력 꽉잡아

속담을 사용할 수 있는 다양한 상황을 생각해 보세요.

1. 장난을 심하게 치다 다치고 나서야 조심한다.

2. 돈을 잃어버리고 나서야 바지 주머니를 꿰맨다.

3.

4.

배경지식 꽉잡아

관련된 외국 속담을 알아봅시다.

미국에는 죽은 후에 의사를 부른다는 표현이 있습니다. 의사는 사람의 병을 고치고 살리는 일을 합니다. 하지만 아무리 뛰어난 의사라고 해도 이미 죽은 사람을 살릴 수는 없습니다. 그러니 죽기 전에 의사를 불러야지 죽은 후에는 아무 소용이 없습니다. 그래서 이 속담은 이미 일이 잘못되어 돌이킬★ 수 없는 상황에서 뒤늦게 대처한다는 뜻입니다.

★ 돌이키다: 원래 상태로 돌아가다.

창의력 꽉잡아

속담을 조금 바꿔 나만의 속담을 만들어 보세요.

예 시 | 발톱 빠지 | 고 | 새 신발 산다.

뜻 문제가 일어난 후에야 대처한다.

나만의 속담

뜻

송충이는 솔잎을 먹어야지 갈잎을 먹으면 죽는다

으, 매일 솔잎만 먹으려니까 너무 지겨워.
오늘은 갈잎을 먹어 볼까?
윽! 배야
송충이는 솔잎을 먹어야지 갈잎을 먹으면 죽어.

어휘력 꽉잡아

속담에서 보이는 뜻을 생각해 보세요.

송충이는
솔잎(소나무 잎)만 먹고 사는 애벌레입니다.

갈잎은
가랑잎, 떡갈나무 잎을 말합니다.

보이는 뜻: '송충이는 소나무 잎이 아닌 가랑잎을 먹으면 죽는다' 입니다.

추론력 꽉잡아

속담 속에 숨은 뜻을 생각해 보세요.

송충이는
솔잎을 먹어야지
갈잎을 먹으면 죽어.

송충이는 솔잎을 먹어야지는
자기 분수에 맞게 살아야지라는 뜻입니다.

윽! 배야

갈잎을 먹으면 죽는다는
분수에 맞지 않은 행동을 하면 화를 입는다는
뜻입니다.

숨은 뜻: _______________ 입니다.

속담 꽉잡아

속담에 대해 자세히 알아봅시다.

곤충의 애벌레는 정해진 먹이만 먹는 경우가 많습니다. 만약 다른 먹이를 먹으면 죽게 됩니다. 그래서 송충이는 솔잎을 먹어야지 갈잎을 먹으면 죽는다는 자기 분수★에 맞게 행동하지 않으면 화를 입는다는 뜻입니다. 옛날에는 자기 신분에 맞게 살라는 뜻으로 자주 사용되었지만 요즘에는 자기 능력에 맞게 행동하라는 뜻으로 사용됩니다.

★ 분수: 자기 처지에 맞는 한도

활용력 꽉잡아

속담을 사용할 수 있는 다양한 상황을 생각해 보세요.

1. 아무런 준비도 없이 사업을 시작하려는 사람에게

2. 춤과 노래에는 재능도 없고 연습도 안 하면서 아이돌이 되려는 친구에게

3.

4.

배경지식 꽉잡아

관련된 외국 속담을 알아봅시다.

영국에는 씹을 수 있는 것보다 더 많이 물어뜯지 말라는 속담이 있습니다. 혹시 상추쌈과 같은 음식을 내 입보다 더 크게 먹어본 적 있나요? 그런 경우 씹을 수가 없어 다시 꺼내게 되죠. 아무리 맛있는 음식이라도 씹을 수 있는 만큼 입에 넣어야 합니다. 그래서 이 속담은 자신의 능력★보다 너무 큰일을 하지 말라는 뜻입니다.

★ 능력: 일을 감당해 낼 수 있는 힘

창의력 꽉잡아

속담을 조금 바꿔 나만의 속담을 만들어 보세요.

예 시 | 한국 사람 | 은 | 한식을 | 먹어야지.

뜻 밥을 먹고 싶은데 자꾸 빵을 먹자고 할 때

나만의 속담

뜻

4주차 복습

1. 다음 빈칸에 들어갈 말을 보기에서 찾아 써 보세요.

보기 외양간, 풍월, 갈잎, 벼룩, 초가삼간, 솔잎

1) [ ] 의 간을 내어 먹는다.

2) 빈대 잡으려고 [ ] 태운다

3) 서당 개 삼 년이면 [ ] 을 읊는다

4) 소 잃고 [ ] 고친다

5) 송충이는 [ ] 을 먹어야지 [ ] 을 먹으면 죽는다

2. 다음 뜻을 가진 단어를 보기에서 찾아 써 보세요.

보기 풍월을 읊는다, 빈대, 외양간, 분수, 간, 해독, 가축

1) 우리 몸속 장기 중 하나 ➡

2) 몸 안에 들어간 독성 물질의 작용을 없앰 ➡

3) 동물의 피를 빨아먹는 곤충 ➡

4) 소나 돼지 따위의 집에서 기르는 짐승 ➡

5) 자연의 아름다움을 담은 시를 노래한다 ➡

6) 소를 기르는 곳 ➡

7) 자기 처지에 맞는 한도 ➡

3. 다음 속담을 보고 그 뜻으로 알맞은 것을 골라 선으로 연결하세요.

벼룩의 간을 내어 먹는다 ●	● 남들이 하는 것을 꾸준히 듣고 보기만 해도 지식과 경험이 쌓여 아는 것이 생긴다
빈대 잡으려고 초가삼간 태운다 ●	● 매우 형편이 어려운 사람의 소중한 무언가를 뺏으려 욕심을 낸다
서당 개 삼 년이면 풍월을 읊는다 ●	● 이미 문제가 발생한 후 뒤늦게 후회한다
소 잃고 외양간 고친다 ●	● 작은 문제를 해결하려고 큰 손해를 입을 수 있는 행동을 한다
송충이는 솔잎을 먹어야지 갈잎을 먹으면 죽는다 ●	● 자기 분수에 맞게 행동하지 않으면 화를 입는다

4. 다음 속담과 그 뜻을 읽고 이에 대한 여러분의 생각을 글로 써 보세요.

소 잃고 외양간 고친다

이미 문제가 발생한 후 뒤늦게 후회한다

속담왕

5주차

숭어가 뛰니까 망둥이도 뛴다

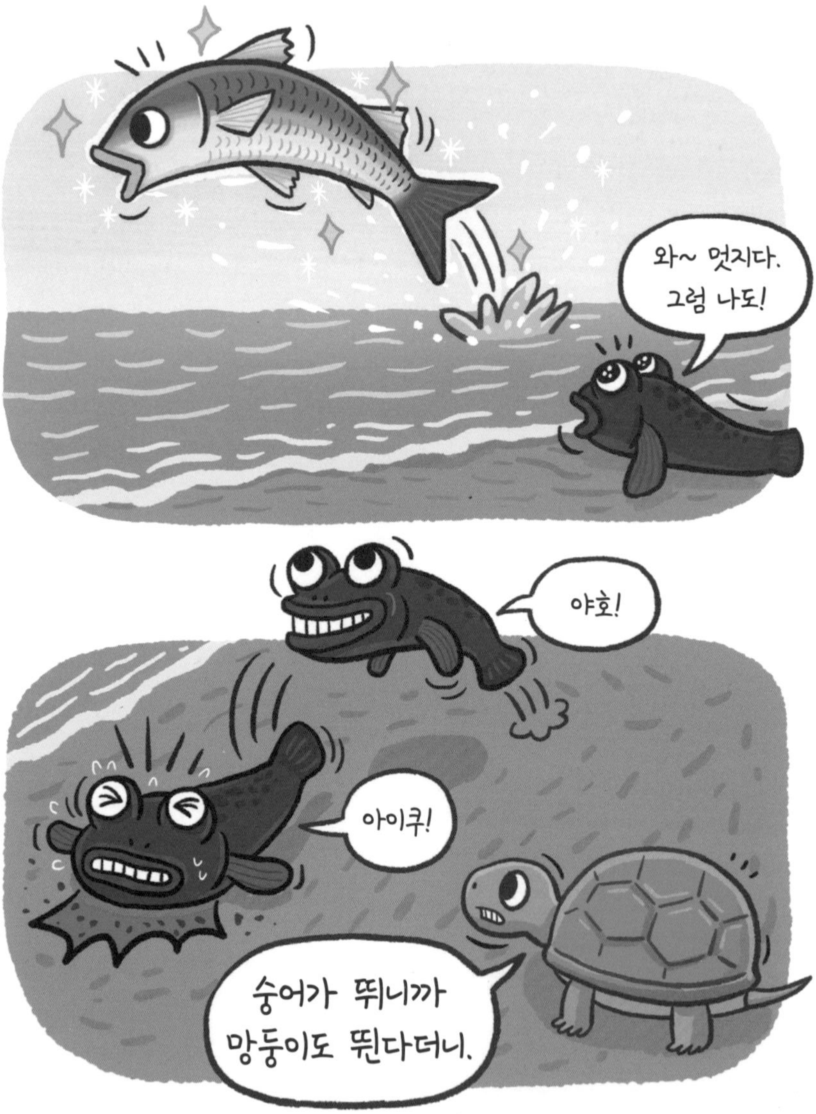
와~ 멋지다. 그럼 나도!
야호!
아이쿠!
숭어가 뛰니까 망둥이도 뛴다더니.

어휘력 꽉잡아

속담에서 보이는 뜻을 생각해 보세요.

숭어가 뛰니까는
숭어가 점프를 하니까라는 뜻입니다.

망둥이도 뛴다는
망둥이도 따라 뛴다라는 뜻입니다.

보이는 뜻

'숭어가 점프를 하니까 망둥이도 따라 뛴다' 입니다.

추론력 꽉잡아

속담 속에 숨은 뜻을 생각해 보세요.

숭어가 뛰니까는
잘난 사람의 행동을 뜻합니다.

망둥이도 뛴다는
보통 사람이 따라한다는 뜻입니다.

숨은 뜻

입니다.

속담 꽉잡아 속담에 대해 자세히 알아봅시다.

숭어는 바다에 사는 60cm 정도의 큰 물고기입니다. 가끔 물 밖으로 뛰어오르는데 매우 힘차 보입니다. 반면 망둥이는 갯벌★에 사는 20cm 정도의 작은 물고기입니다. 갯벌 위에서 펄떡이는 모습은 숭어와 달리 그리 멋지지 못합니다. 그래서 숭어가 뛰니까 망둥이도 뛴다는 잘난 사람을 무작정 따라한다는 의미입니다.

★ 갯벌: 밀물 때는 물에 잠기고, 썰물 때는 물 밖으로 드러나는 모래 점토질의 바닷가 땅

활용력 꽉잡아 속담을 사용할 수 있는 다양한 상황을 생각해 보세요.

1. 태권도 선수인 형이 시합에 나가니 동생이 자기도 나가겠다고 한다.

2. 바이올린 연주자인 언니가 공연하는데 동생이 자기도 공연하겠다고 한다.

3.

4.

배경지식 꽉잡아 관련된 외국 속담을 알아봅시다.

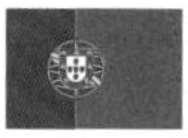

포르투갈에는 강이 클수록 물고기도 크다는 속담이 있습니다. 얕고 작은 강에는 송사리처럼 작은 물고기가 주로 삽니다. 팔뚝만한 잉어는 주로 크고 깊은 강에 살지요. 작은 강에는 커다란 잉어에게 충분한 먹이도 없고 움직일 공간★도 부족하기 때문입니다. 큰 물고기가 살 수 있는 환경이어야만 큰 물고기가 살 수 있는 겁니다. 그래서 이 속담은 환경이 좋아야 사람이나 생물이 크게 자랄 수 있다는 뜻입니다.

★ 공간: 물질이 존재하는 장소

창의력 꽉잡아 속담을 조금 바꿔 나만의 속담을 만들어 보세요.

예 시 [덤프 트럭이 빵빵대] 니 [소형차도 빵빵댄] 다.

뜻 서로서로 양보를 해야지 무조건 경적을 울리면 안 된다.

나만의 속담 [ ]

뜻

우물 안 개구리

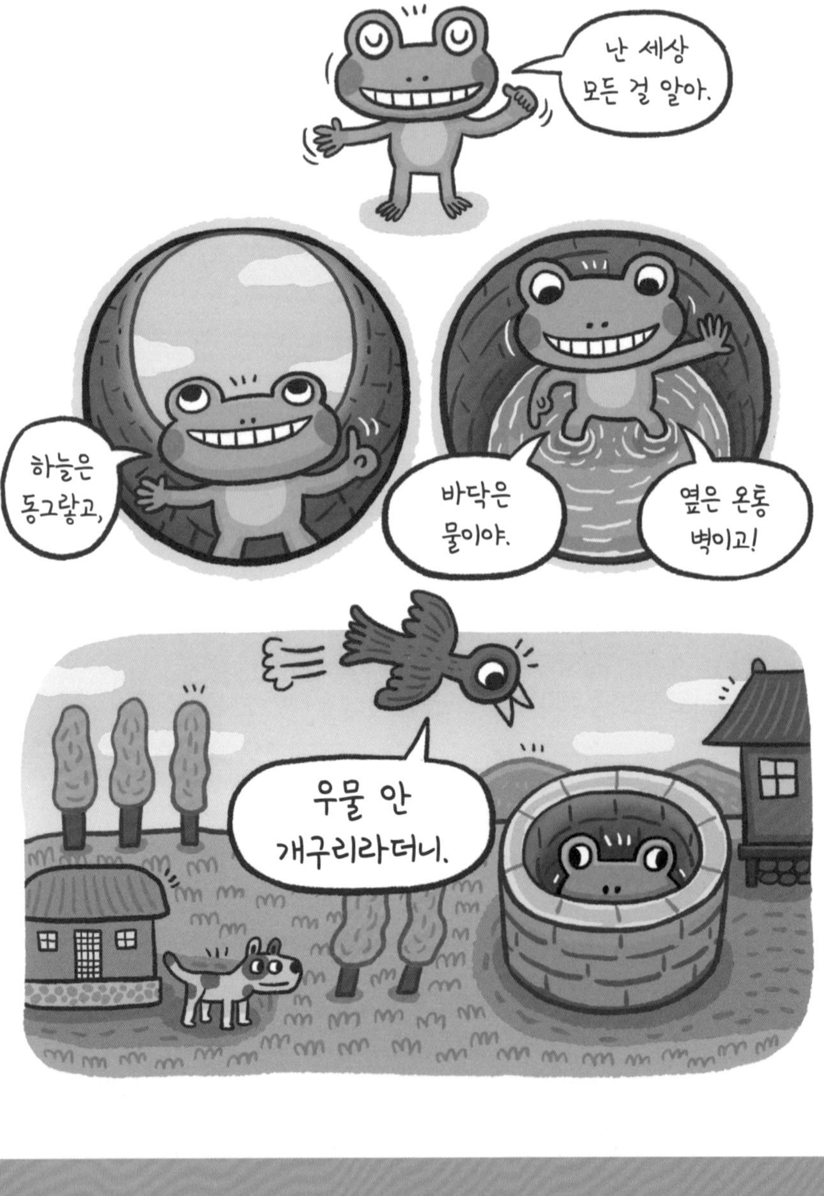
난 세상 모든 걸 알아.
하늘은 동그랗고,
바닥은 물이야.
옆은 온통 벽이고!
우물 안 개구리라더니.

어휘력 꽉잡아

속담에서 보이는 뜻을 생각해 보세요.

우물은
땅을 파서 지하수를 괴어 물을 얻는 곳입니다.

하늘은 동그랗고,

안은
어떤 물체의 가운데 쪽을 말합니다.

↘ ↙

보이는 뜻 ‘우물 속에 들어가 있는 개구리’입니다.

추론력 꽉잡아

속담 속에 숨은 뜻을 생각해 보세요.

바닥은 물이야. 옆은 온통 벽이고!

우물 안은
보고 들은 것이 별로 없는 상황을 뜻합니다.

개구리는
어리석은 사람을 뜻합니다.

↘ ↙

숨은 뜻 입니다.

속담 꽉잡아 속담에 대해 자세히 알아봅시다.

우물에서 태어나 평생을 우물 속에서 살아가는 개구리를 상상해 보세요. 산, 강, 닭, 소 무엇 하나 본 적이 없을 겁니다. 오직 하늘과 물, 벽만 보게 되겠죠. 그러면 그것이 세상의 전부라고 믿게 될 겁니다. 다른 건 본 적이 없으니까요. 그래서 우물 안 개구리는 자기 경험이 전부라고 믿는 어리석은 사람을 일컫는★ 표현입니다.

★ 일컫다: 가리켜 말하다.

활용력 꽉잡아 속담을 사용할 수 있는 다양한 상황을 생각해 보세요.

1. 서울에서만 살아서 시골도 모두 서울 같다고 생각하는 친구

2. 수학만 잘하는 아이가 수학만 중요하다고 우길 때

3.

4.

배경지식 꽉잡아

관련된 외국 속담을 알아봅시다.

미국에는 작은 연못의 큰 물고기라는 표현이 있습니다. 작은 연못은 작은 영역을 뜻하고 큰 물고기는 영향력★이 큰 사람을 뜻합니다. 그래서 이 표현은 작은 영역에서 영향력이 크고 잘 알려진 사람을 뜻합니다. 유재석처럼 모두에게 유명한 사람이 아닌 열대어를 기르는 사람처럼 소수의 사람들에게만 유명한 경우 작은 연못의 큰 물고기라고 말할 수 있습니다.

★ 영향력: 다른 대상에 미치는 힘

창의력 꽉잡아

속담을 조금 바꿔 나만의 속담을 만들어 보세요.

예시 | 나무 | 위 | 원숭이

뜻 자기가 세상에서 제일 높다고 착각하는 사람

나만의 속담

뜻

원숭이도 나무에서 떨어진다

까불 까불
얘야. 떨어질라 조심하렴.
엄마 걱정마. 나는 절대로…
미끌!
으악~~
얘야. 원숭이도 나무에서 떨어진단다.

어휘력 꽉잡아 속담에서 보이는 뜻을 생각해 보세요.

미끌!

원숭이도는
원숭이 역시라는 뜻입니다.

떨어진다는
위에서 아래로 내려지다는 뜻입니다.

↘ ↙

보이는 뜻 '원숭이 역시 나무 위에서 아래로 떨어진다' 입니다.

추론력 꽉잡아 속담 속에 숨은 뜻을 생각해 보세요.

까불 까불

원숭이는
어떤 일을 아주 잘하는 사람을 뜻합니다.

나무에서 떨어진다는
실수를 한다를 뜻합니다.

↘ ↙

숨은 뜻 입니다.

속담 꽉잡아 속담에 대해 자세히 알아봅시다.

원숭이의 긴 팔과 유연함은 나무를 타는 데 아주 적합★합니다. 그래서 원숭이는 세상에서 나무를 가장 잘 타는 동물이지요. 하지만 손이 미끄러지거나 딴 곳을 보다가 가끔 나무에서 떨어지는 원숭이도 있습니다. 그래서 원숭이도 나무에서 떨어진다는 속담은 어떤 일을 아주 잘하는 사람도 때로는 실수를 한다는 의미입니다.

★ 적합: 일이나 조건 따위에 꼭 알맞음

활용력 꽉잡아 속담을 사용할 수 있는 다양한 상황을 생각해 보세요.

1. 유명한 가수가 노래를 하다가 음정을 놓쳤다.

2. 유명한 축구 선수가 쉬운 슛을 실패했다.

3.

4.

배경지식 꽉잡아

관련된 외국 속담을 알아봅시다.

영국에는 호메로스조차도 졸 때가 있다는 속담이 있습니다. 호메로스는 서양 문학 중 최고의 걸작으로 꼽히는 일리아드와 오디세이를 쓴 고대★ 그리스의 시인입니다. 또한 모르는 게 없는 아주 지혜롭고 현명한 사람으로도 알려져 있습니다. 그래서 이 속담은 아무리 뛰어난 사람이라도 가끔은 실수를 한다는 의미입니다.

★ 고대: 옛 시대

창의력 꽉잡아

속담을 조금 바꿔 나만의 속담을 만들어 보세요.

예 시 목수 도 손가락을 찧는다.

뜻 익숙한 일을 할 때도 조심해야 한다.

나만의 속담

뜻

자라 보고 놀란 가슴 솥뚜껑 보고 놀란다

이건 뭐지?
우앙!! 자라한테 물렸어!
꽉!
저… 저기 자… 자… 자라다!!
자라 보고 놀란 가슴 솥뚜껑 보고 놀란다더니.

어휘력 꽉잡아 속담에서 보이는 뜻을 생각해 보세요.

자라 보고 놀란 가슴은
자라를 보고 놀란 적 있는 사람입니다.

솥뚜껑 보고 놀란다는
가마솥 뚜껑만 봐도 놀란다는 뜻입니다.

↘ ↙

보이는 뜻 '자라 보고 놀랐던 사람은 가마솥 뚜껑만 봐도 놀란다' 입니다.

추론력 꽉잡아 속담 속에 숨은 뜻을 생각해 보세요.

자라 보고 놀란 가슴은
어떤 것에 크게 혼난 사람을 뜻합니다.

솥뚜껑 보고 놀란다는
비슷한 것만 봐도 놀란다는 뜻입니다.

↘ ↙

숨은 뜻 입니다.

속담 꽉잡아

속담에 대해 자세히 알아봅시다.

솥뚜껑처럼 생긴 등딱지★를 가지고 있는 자라는 거북이와 매우 닮은 동물입니다. 자라는 무는 힘이 아주 강해 물리면 매우 아프고 심하면 손가락이 잘릴 수도 있다고 합니다. 그러니 자라에게 한 번 물리고 나면 자라가 매우 무섭겠죠? 그래서 자라 보고 놀란 가슴 솥뚜껑 보고 놀란다는 어떤 일에 크게 혼난 사람은 비슷한 것만 봐도 놀란다는 의미입니다.

★ 등딱지: 게나 거북 따위의 등을 이룬 단단한 껍데기

활용력 꽉잡아

속담을 사용할 수 있는 다양한 상황을 생각해 보세요.

1. 개에게 물린 아이가 강아지 인형만 봐도 무서워한다.

2. 물에 빠진 적이 있는 아이는 종이컵에 있는 물도 무서워한다.

3.

4.

배경지식 꽉잡아

관련된 외국 속담을 알아봅시다.

이란에는 뱀에 물린 사람은 한 줄의 실도 무서워한다는 속담이 있습니다. 뱀은 다리가 없고 미끈미끈한 모양새가 낯설어★ 사람들이 징그럽다고 생각합니다. 또한 독이 있는 경우도 있어 무섭기도 하고요. 그런데 뱀의 이러한 생김새는 실을 떠올리게 합니다. 그래서 이 속담은 자라 보고 놀란 가슴 솥뚜껑 보고 놀란다와 마찬가지로 어떤 일에 크게 혼난 사람은 비슷한 다른 것만 봐도 무서워한다는 의미입니다.

★ 낯설다: 본 적이 없어 익숙하지 않다.

창의력 꽉잡아

속담을 조금 바꿔 나만의 속담을 만들어 보세요.

예 시 | 엄마 | 보고 놀란 가슴 | 이모 | 보고 놀란다.

뜻 엄마와 이모는 서로 닮았다.

나만의 속담

뜻

제 버릇 개 못 준다

내 급한 성격
멍이한테 모두 줄거야~
멍
자, 내 급한 성격
모두 가져가, 멍아!
빨리
빨리
멍
왜
빨리
안 가져
가냐고!
멍
제 버릇
개 못 준다더니.

어휘력 꽉잡아

속담에서 보이는 뜻을 생각해 보세요.

내 급한 성격
멍이한테 모두
줄거야~

제 버릇은
자기의 버릇입니다.

제 버릇
개 못 준다더니.

개 못 준다는
개에게 주지 못한다는 뜻입니다.

보이는 뜻

'자기의 버릇은 개에게 주지 못한다' 입니다.

추론력 꽉잡아

속담 속에 숨은 뜻을 생각해 보세요.

빨리
빨리

제 버릇은
성격이나 습관을 뜻합니다.

왜
빨리
안 가져
가냐고!

개 못 준다는
쉽게 바꾸지 못한다는 뜻입니다.

숨은 뜻

입니다.

속담 꽉잡아 속담에 대해 자세히 알아봅시다.

제 버릇 개 못 준다는 성격★이나 습관은 쉽게 바꾸지 못한다는 뜻이에요. 성격이나 습관은 내가 일부러 생각해서 하는 것이 아니에요. 나도 모르게 저절로 나오는 거지요. 그래서 나도 모르게 계속 반복하게 됩니다. 한번 만들어지면 고치기 어려우니 좋은 성격과 습관을 가지려 노력해야 합니다.

★ 성격: 개인이 가지고 있는 고유의 성질이나 품성

활용력 꽉잡아 속담을 사용할 수 있는 다양한 상황을 생각해 보세요.

1. 늦잠 자는 아이가 일찍 일어나기로 마음먹었지만 계속 늦잠 잔다.

2. 도둑이 한 번 용서받았는데 금세 또 도둑질을 한다.

3.

4.

배경지식 꽉잡아

관련된 외국 속담을 알아봅시다.

영국에는 표범은 자기 반점★을 바꾸지 못한다는 속담이 있습니다. 고양이과의 표범은 검은 반점이 온몸에 퍼져 있어요. 이는 태어날 때부터 있는 것으로 바꿀 수는 없어요. 그래서 이 속담 역시 타고난 성격과 특징은 마음대로 바꿀 수 없다는 의미예요.

★ 반점: 동물의 몸에 있는 얼룩

창의력 꽉잡아

속담을 조금 바꿔 나만의 속담을 만들어 보세요.

예 시 | 내 과자 | 너 | 못 준다.

뜻 과자가 얼마 없어서 너에게 줄 수 없다.

나만의 속담

뜻

5주차 복습

1. 다음 빈칸에 들어갈 말을 보기에서 찾아 써 보세요.

보기	우물, 원숭이, 개, 망둥이, 솥뚜껑

1) 숭어가 뛰니까 [　　　] 도 뛴다

2) [　　　] 안 개구리

3) [　　　] 도 나무에서 떨어진다

4) 자라 보고 놀란 가슴 [　　　] 보고 놀란다

5) 제 버릇 [　　　] 못 준다

2. 다음 뜻을 가진 단어를 보기에서 찾아 써 보세요.

보기 우물, 영향력, 성격, 낯설다, 공간, 적합, 고대

1) 물질이 존재하는 장소 ➡

2) 땅을 파서 지하수를 괴어 물을 얻는 곳 ➡

3) 다른 대상에 미치는 힘 ➡

4) 일이나 조건 따위에 꼭 알맞음 ➡

5) 옛 시대 ➡

6) 본 적이 없어 익숙하지 않다 ➡

7) 개인이 가지고 있는 고유의 성질이나 품성 ➡

3. 다음 속담을 보고 그 뜻으로 알맞은 것을 골라 선으로 연결하세요.

숭어가 뛰니까 망둥이도 뛴다	성격이나 습관은 쉽게 바꾸지 못한다
우물 안 개구리	어떤 일을 아주 잘하는 사람도 때로는 실수를 한다
원숭이도 나무에서 떨어진다	어떤 일에 크게 혼난 사람은 비슷한 것만 봐도 놀란다
자라 보고 놀란 가슴 솥뚜껑 보고 놀란다.	자기 경험이 전부라고 믿는 어리석은 사람
제 버릇 개 못 준다	잘난 사람을 무작정 따라한다

4. 다음 속담과 그 뜻을 읽고 이에 대한 여러분의 생각을 글로 써 보세요.

우물 안 개구리

자기 경험이 전부라고 믿는 어리석은 사람

속담왕

6주 차

죽 쒀서 개 준 꼴

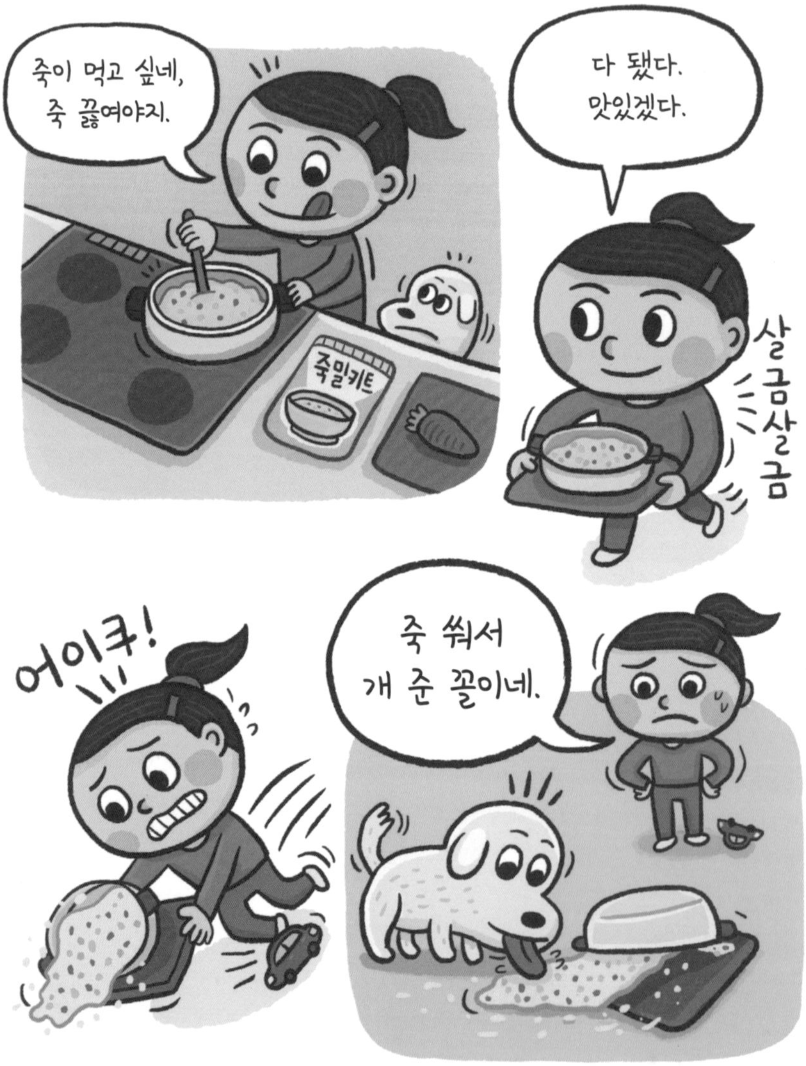

죽이 먹고 싶네, 죽 끓여야지.
죽밀키트
다 됐다. 맛있겠다.
살금살금
어이쿠!
죽 쒀서 개 준 꼴이네.

어휘력 꽉잡아

속담에서 보이는 뜻을 생각해 보세요.

죽 쒀서는
죽을 끓여서라는 뜻입니다.

개 준 꼴은
개에게 준 상황을 말합니다.

보이는 뜻 '죽을 끓여서 개에게 준 상황' 입니다.

추론력 꽉잡아

속담 속에 숨은 뜻을 생각해 보세요.

죽 쒀서는
어떤 일을 해서라는 뜻입니다.

개 준 꼴은
남 좋은 일을 했다는 뜻입니다.

숨은 뜻 입니다.

속담 꽉잡아 속담에 대해 자세히 알아봅시다.

죽을 끓이려면 재료를 잘게 썰고 눌어붙지★ 않게 부지런히 저어 주어야 합니다. 이렇게 정성을 들여 죽을 끓였는데 못 먹게 되어 개가 먹는다면 어떨까요? 죽 쒀서 개 준 꼴은 어떤 일을 위해 노력했는데 남 좋은 일이 되었다는 의미입니다. 재주는 곰이 넘고 돈은 주인이 받는다와 유사하지만 조금 더 거친 표현입니다.

★ 눌어붙다: 뜨거운 바닥에 조금 타서 붙다.

활용력 꽉잡아 속담을 사용할 수 있는 다양한 상황을 생각해 보세요.

1. 맛있는 아이스크림을 바닥에 떨어트려 비둘기가 먹을 때

2. 초콜릿을 사서 집에 가다가 지하철에 놓고 내렸을 때

3.

4.

배경지식 꽉잡아 관련된 외국 속담을 알아봅시다.

에스토니아에는 아름다움으로 스프를 만들 수는 없다는 속담이 있습니다. 예쁜 것을 좋아하는 것은 사람의 본성★입니다. 여러분도 예쁘고 멋진 옷, 신발, 장난감을 좋아하잖아요? 하지만 예쁜 것은 보기 좋을 뿐 특별한 기능이 있지는 않습니다. 그래서 이 속담은 겉으로 보이는 외모나 외형에 너무 집착하지 말라는 의미입니다.

★ 본성: 사람이 본디부터 가진 성질

창의력 꽉잡아 속담을 조금 바꿔 나만의 속담을 만들어 보세요.

예 시 놀이 동산 가 서 공부한 꼴

뜻 상황과 맞지 않는 행동을 했다.

나만의 속담

뜻

쥐구멍에도 볕 들 날 있다

너무 어두워.
우리 집에도 햇볕이 들어오면 좋겠어.
이 낡은 서랍장은 버려야겠군.
앗! 해가 보인다!
쥐구멍에도 볕 들 날 있다더니.

어휘력 꽉잡아 속담에서 보이는 뜻을 생각해 보세요.

쥐구멍은
쥐가 살거나 드나드는 구멍입니다.

앗!
해가 보인다!

볕 들 날은
햇볕이 비치는 날을 말합니다.

↘ ↙

보이는 뜻: '쥐구멍에도 햇볕이 비치는 날이 있다' 입니다.

추론력 꽉잡아 속담 속에 숨은 뜻을 생각해 보세요.

쥐구멍은
몹시 고생스러운 삶을 뜻합니다.

볕 들 날 있다는
좋은 날이 온다는 뜻입니다.

↘ ↙

숨은 뜻: 입니다.

속담 꽉잡아 속담에 대해 자세히 알아봅시다.

쥐구멍은 쥐가 사람들의 눈을 피해 집안을 드나들기 위해 만든 구멍입니다. 주로 낮은 곳에 위치해 어둡고 축축하고★ 더러운 경우가 많습니다. 이런 쥐구멍에도 해가 비치고 밝은 날은 분명 있을 겁니다. 그래서 쥐구멍에도 볕 들 날 있다는 몹시 고생스러운 삶에도 분명히 좋은 날이 온다는 뜻입니다.

★ 축축하다: 물기가 있어 젖은 듯하다

활용력 꽉잡아 속담을 사용할 수 있는 다양한 상황을 생각해 보세요.

1. 항상 꼴찌만 하던 친구가 100점을 맞았다.

2. 맨날 꾸중만 듣다가 칭찬을 받았다.

3.

4.

배경지식 꽉잡아 관련된 외국 속담을 알아봅시다.

영국에는 모든 구름의 가장자리★는 은빛으로 빛난다는 속담이 있습니다. 구름은 해를 가려서 어둡습니다. 하지만 그 가장자리를 자세히 관찰해 보면 은빛으로 빛나는 부분이 있습니다. 가장자리로 갈수록 구름이 얇아져 태양빛이 비치기 때문입니다. 그래서 이 속담은 불행 중에도 희망은 있다는 뜻입니다.

★ 가장자리: 둘레나 끝에 해당되는 부분

창의력 꽉잡아 속담을 조금 바꿔 나만의 속담을 만들어 보세요.

예 시 내 주머니 에도 돈 들 날 있다.

뜻 비록 용돈을 다 썼지만 또 용돈을 받을 날이 온다.

나만의 속담

뜻

지렁이도 밟으면 꿈틀한다

와! 지렁이다!
만져 볼래.
콕콕
참자 참자
나도 나도~
꾹!
으으윽~~ 나도 더 이상은 못 참아!
꿈틀
지렁이도 밟으면 꿈틀한다더니.

어휘력 꽉잡아

속담에서 보이는 뜻을 생각해 보세요.

지렁이는
주로 흙에 살며 고리 모양의 마디가 있는 동물입니다.

꿈틀한다는
몸의 한 부분을 비틀며 움직인다는 뜻입니다.

보이는 뜻

'지렁이도 밟으면 몸을 비틀며 움직인다' 입니다.

추론력 꽉잡아

속담 속에 숨은 뜻을 생각해 보세요.

지렁이도 밟으면은
아주 약한 사람도 괴롭히면이라는 뜻입니다.

꿈틀한다는
가만히 있지 않는다는 뜻입니다.

숨은 뜻

입니다.

속담
꽉잡아

속담에 대해 자세히 알아봅시다.

지렁이는 흙 속에서 양분★을 먹고 삽니다. 이빨이나 발톱이 없어 다른 동물을 공격하지 않는 약한 동물이지요. 이렇게 작고 약하지만 자신을 괴롭히면 가만히 있지 않습니다. 그 상황을 벗어나려고 온몸을 비틀고 꿈틀거리지요. 그래서 지렁이도 밟으면 꿈틀한다는 아주 약한 사람도 괴롭히면 가만히 있지 않는다는 뜻입니다.

★ 양분: 영양이 되는 성분

활용력
꽉잡아

속담을 사용할 수 있는 다양한 상황을 생각해 보세요.

1. 힘이 약한 동생이라도 형이 자꾸 괴롭히면 화를 낸다.

2. 착하고 순한 아이도 자꾸 놀리면 화를 낸다.

3.

4.

배경지식 꽉잡아

관련된 외국 속담을 알아봅시다.

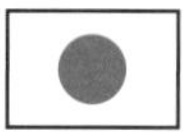

일본에는 한 치의 벌레에도 오 푼의 혼★이라는 속담이 있습니다. 한 치는 약 3cm를 뜻하고 오 푼은 약 2g을 뜻합니다. 그래서 이 속담을 그대로 이해하면 아주 작은 벌레에도 영혼이 있다는 뜻이 됩니다. 이를 좀 더 넓게 생각해 보면 보잘것없는 사람이나 생물에도 영혼이 있으니 함부로 대하지 말라는 뜻이 됩니다.

★ 혼: 사람의 몸 안에서 몸과 정신을 다스리는 비물질적인 것

창의력 꽉잡아

속담을 조금 바꿔 나만의 속담을 만들어 보세요.

예시 고릴라 도 웃으 면 깜찍 하다.

뜻 덩치가 크고 험하게 생긴 사람도 웃으면 착해 보인다.

나만의 속담

뜻

참새가 방앗간을 그냥 지나치랴

급하다 급해! 늦었어. 빨리 가자.
알았어. 좀 천천히 가.
와!! 방앗간이다. 먹고 가자.
뭐? 늦었다고 빨리 가자면서?
방앗간
방앗간
참새가 방앗간을 그냥 지나치랴!

어휘력 꽉잡아

속담에서 보이는 뜻을 생각해 보세요.

방앗간은
방아로 곡식을 찧거나 빻는 곳입니다.

그냥 지나치랴는
그냥 지나칠 리 없다는 말입니다.

↘ ↙

보이는 뜻

'참새가 방앗간을 그냥 지나칠 리 없다' 입니다.

추론력 꽉잡아

속담 속에 숨은 뜻을 생각해 보세요.

참새는
사람을 뜻합니다.

방앗간을 그냥 지나치랴는
좋아하는 것을 그냥 지나치지 못한다는 뜻입니다.

↘ ↙

숨은 뜻

입니다.

속담 꽉잡아

속담에 대해 자세히 알아봅시다.

참새는 곡식 알갱이★를 먹고 사는 작은 새입니다. 방앗간은 곡식을 빻는 곳이니 당연히 곡식 부스러기가 많이 떨어져 있지요. 그러다 보니 방앗간이 있으면 지나가던 참새들이 다 모여들 겁니다. 참새가 방앗간을 그냥 지나치랴는 사람은 자기가 좋아하는 것을 그냥 지나치기 어렵다는 의미입니다.

★ 알갱이: 열매나 곡식 따위의 낱알

활용력 꽉잡아

속담을 사용할 수 있는 다양한 상황을 생각해 보세요.

1. 핫도그를 좋아하는 친구가 매일같이 핫도그를 사 먹을 때

2. 아이스크림을 좋아하는 동생이 아이스크림 가게를 지나치지 못할 때

3.

4.

배경지식 꽉잡아

관련된 외국 속담을 알아봅시다.

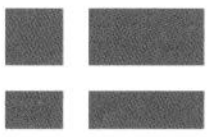

덴마크에는 신은 모든 새에게 먹이를 주지만 둥지★에 떨어트려 주지는 않는다는 속담이 있습니다. 신이 모든 새에게 먹이를 준다는 말은 사람은 쉬 굶어 죽지 않는다는 뜻입니다. 반면 둥지에 떨어트려 주지는 않는다는 말은 그렇다고 해서 먹을 것이 저절로 생기는 것은 아니라는 뜻입니다. 그래서 이 속담은 먹고 살기 위해서는 스스로 노력해야 한다는 뜻입니다.

★ 둥지: 새가 알을 낳거나 깃들이는 곳

창의력 꽉잡아

속담을 조금 바꿔 나만의 속담을 만들어 보세요.

예 시 잠보 가 침대 를 그냥 지나치랴.

뜻 잠이 많은 사람은 침대에 자주 눕는다.

나만의 속담

뜻

하룻강아지 범 무서운 줄 모른다

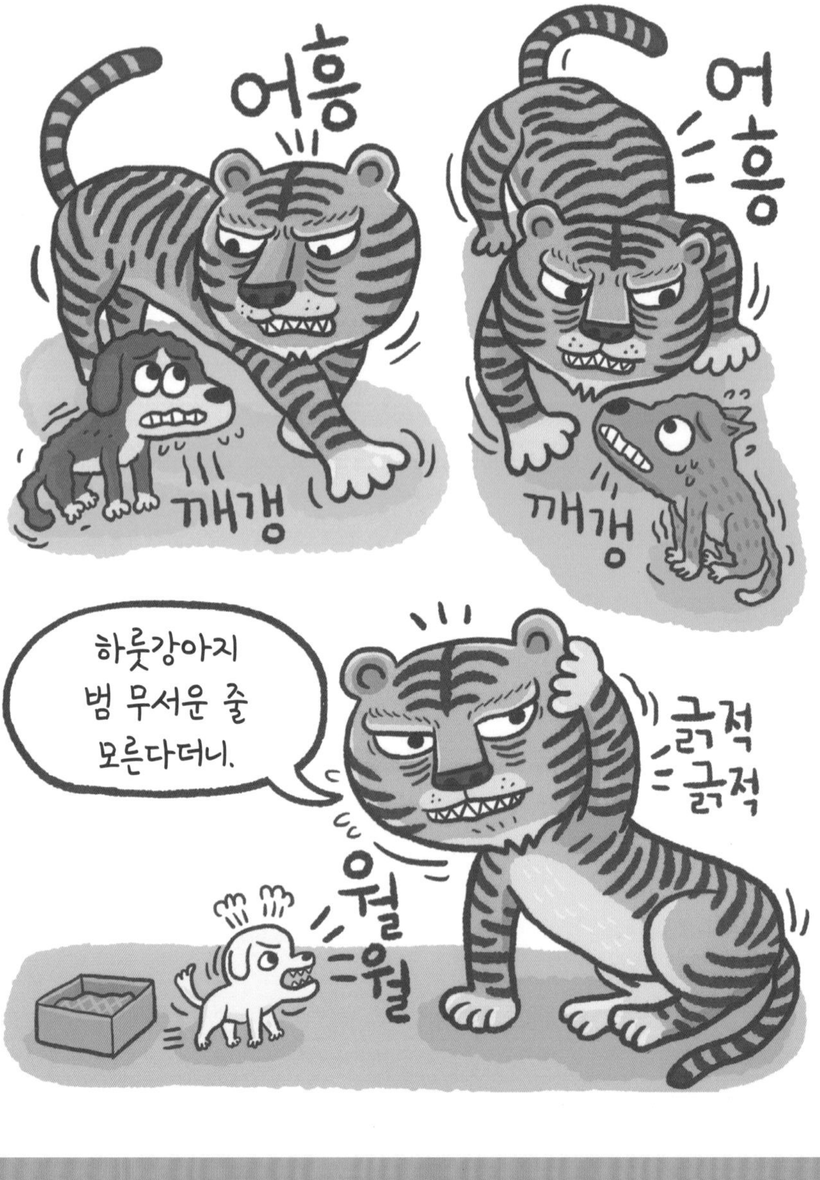

어흥
깨갱
어흥
깨갱
하룻강아지 범 무서운 줄 모른다더니.
긁적 긁적
월 월

어휘력 꽉잡아

속담에서 보이는 뜻을 생각해 보세요.

하룻★강아지는
한 살짜리 강아지입니다.

범은
호랑이입니다.

보이는 뜻

'한 살짜리 강아지 호랑이 무서운 줄 모른다' 입니다.

★ 하룻: 하릅이 변한 단어로 1년을 의미합니다.

추론력 꽉잡아

속담 속에 숨은 뜻을 생각해 보세요.

하룻강아지는
경험이 매우 적은 사람을 뜻합니다.

범은
매우 강한 상대나 상황을 뜻합니다.

숨은 뜻

입니다.

속담 꽉잡아 속담에 대해 자세히 알아봅시다.

호랑이는 매우 무서운 동물입니다. 아주 크고 사나운 개조차 호랑이 소리만 들어도 꼬리를 내리고 도망가거나 무서워 지릴★ 정도입니다. 그런데 태어난 지 얼마 안 된 강아지는 호랑이를 별로 두려워하지 않습니다. 얼마나 무서운지 모르기 때문이죠. 그래서 하룻강아지 범 무서운 줄 모른다는 경험이 적어서 상황 파악 못하고 함부로 덤벼든다는 뜻입니다.

★ 지리다: 똥이나 오줌을 참지 못하고 실수로 조금 싸다.

활용력 꽉잡아 속담을 사용할 수 있는 다양한 상황을 생각해 보세요.

1. 조그만 꼬마가 큰 형에게 덤빌 때

2. 권투를 배운 지 한 달 만에 시합에 나가겠다고 할 때

3.

4.

배경지식 꽉잡아

관련된 외국 속담을 알아봅시다.

영국에는 바보는 천사도 가기 두려워하는 곳에 달려든다는 속담이 있습니다. 천사는 신을 대신해 인간을 지켜주는 영적★ 존재입니다. 이런 천사가 두려워하는 곳이라면 얼마나 무서운 곳일까요? 그래서 이 속담 역시 어리석은 사람이 상황 파악 못 하고 피해야 할 곳에 덤벼들 때 쓰는 표현입니다.

★ 영적: 물체가 아닌 정신적

창의력 꽉잡아

속담을 조금 바꿔 나만의 속담을 만들어 보세요.

예 시 갓난아이 칼 무서운 줄 모른다.

뜻 아이가 칼을 함부로 다루어서 위험하다.

나만의 속담

뜻

6주차 복습

1. 다음 빈칸에 들어갈 말을 보기에서 찾아 써 보세요.

보기 개, 하룻강아지, 꿈틀, 방앗간, 쥐구멍

1) 죽 쒀서 [ ] 준 꼴

2) [ ] 에도 볕 들 날 있다

3) 지렁이도 밟으면 [ ] 한다

4) 참새가 [ ] 을 그냥 지나치랴

5) [ ] 범 무서운 줄 모른다

2. 다음 뜻을 가진 단어를 보기에서 찾아 써 보세요.

보기 본성, 쥐구멍, 알갱이, 지리다, 죽 쑤다, 양분, 방앗간

1) 죽을 끓이다 ➡

2) 사람이 본디부터 가진 성질 ➡

3) 쥐가 살거나 드나드는 구멍 ➡

4) 영양이 되는 성분 ➡

5) 방아로 곡식을 찧거나 빻는 곳 ➡

6) 열매나 곡식 따위의 낱알 ➡

7) 똥이나 오줌을 참지 못하고 실수로 조금 싸다 ➡

3. 다음 속담을 보고 그 뜻으로 알맞은 것을 골라 선으로 연결하세요.

죽 쒀서 개 준 꼴 ●	● 어떤 일을 위해 노력했는데 남 좋은 일이 되었다
쥐구멍에도 볕 들 날 있다 ●	● 경험이 적어서 상황 파악 못하고 함부로 덤벼든다
지렁이도 밟으면 꿈틀한다 ●	● 아주 약한 사람도 괴롭히면 가만히 있지 않는다
참새가 방앗간을 그냥 지나치랴 ●	● 몹시 고생스러운 삶에도 분명히 좋은 날이 온다
하룻강아지 범 무서운 줄 모른다 ●	● 사람은 자기가 좋아하는 것을 그냥 지나치기 어렵다

4. 다음 속담과 그 뜻을 읽고 이에 대한 여러분의 생각을 글로 써 보세요.

참새가 방앗간을 그냥 지나치랴

사람은 자기가 좋아하는 것을 그냥 지나치기 어렵다

정답

1주차복습

1. 다음 빈칸에 들어갈 말을 보기에서 찾아 써 보세요.

1) 가재 2) 올챙이
3) 개똥 4) 개천
5) 새우

2. 다음 뜻을 가진 단어를 보기에서 찾아 써 보세요.

1) 편 2) 올챙이
3) 백구 4) 개천
5) 괜스레 6) 자선
7) 가혹

3. 다음 속담을 보고 그 뜻으로 알맞은 것을 골라 선으로 연결하세요.

가재는 게 편	형편이 좋아지면 어려웠던 시절을 기억하지 못한다
개구리 올챙이 적 생각 못 한다	강한 사람끼리 싸우는 바람에 아무 상관 없는 약한 사람이 괜스레 피해를 입는다
개똥도 약에 쓰려면 없다	생김새나 형편이 비슷한 사람끼리 서로 돕는다
개천에서 용 난다	아주 어려운 환경에서 훌륭한 인물이 나왔다
고래 싸움에 새우 등 터진다	아주 흔한 무언가도 정작 사용하려면 없다

2주차복습

1. 다음 빈칸에 들어갈 말을 보기에서 찾아 써 보세요.

1) 고슴도치 2) 생선
3) 떨어진다 4) 밤말
5) 쫓던

2. 다음 뜻을 가진 단어를 보기에서 찾아 써 보세요.

1) 함함하다 2) 양을 치다
3) 부정적 4) 불길하다
5) 야행성 동물 6) 본능
7) 부화

3. 다음 속담을 보고 그 뜻으로 알맞은 것을 골라 선으로 연결하세요.

고슴도치도 제 새끼는 함함하다고 한다	믿을 수 없는 사람에게 어떤 일이나 물건을 부탁하고 걱정하는 상황
고양이한테 생선을 맡기다	무언가를 하려고 애쓰다가 실패해 어떻게 할 도리가 없다
까마귀 날자 배 떨어진다	아무 관계 없는 두 일이 동시에 일어나 괜히 오해를 받는다
낮말은 새가 듣고 밤말은 쥐가 듣는다	부모 눈에 자기 자식은 다 예뻐 보인다
닭 쫓던 개 지붕 쳐다본다	언제나 듣는 사람이 있으니 말을 조심해야 한다

3주차 복습

1. 다음 빈칸에 들어갈 말을 보기에서 찾아 써 보세요.

1) 벼룩　　2) 엉덩이
3) 바늘 도둑　　4) 찢어진다
5) 주름잡기

2. 다음 뜻을 가진 단어를 보기에서 찾아 써 보세요.

1) 해충　　2) 연신
3) 악　　4) 가랑이
5) 고된　　6) 성충
7) 간식

3. 다음 속담을 보고 그 뜻으로 알맞은 것을 골라 선으로 연결하세요.

뛰어 봤자 벼룩이다	무언가를 노력해 봤자 별 의미가 없다
못된 송아지 엉덩이에 뿔난다	자기 분수에 맞지 않은 행동을 하면 도리어 해를 입는다
바늘 도둑이 소 도둑 된다	자신보다 더 뛰어난 사람 앞에서 능력을 자랑한다
뱁새가 황새 따라가다 가랑이가 찢어진다	평소에 성격이 나쁜 사람이 못된 짓을 골라 한다
번데기 앞에서 주름잡기	작은 잘못이 점점 커져 큰 잘못이 되니 아무리 작은 잘못이라도 나쁜 행동을 하지 마라

4주차 복습

1. 다음 빈칸에 들어갈 말을 보기에서 찾아 써 보세요.

1) 벼룩　　2) 초가삼간
3) 풍월　　4) 외양간
5) 솔잎, 갈잎

2. 다음 뜻을 가진 단어를 보기에서 찾아 써 보세요.

1) 간　　2) 해독
3) 빈대　　4) 가축
5) 풍월을 읊는다　　6) 외양간
7) 분수

3. 다음 속담을 보고 그 뜻으로 알맞은 것을 골라 선으로 연결하세요.

벼룩의 간을 내어 먹는다	남들이 하는 것을 꾸준히 듣고 보기만 해도 지식과 경험이 쌓여 아는 것이 생긴다
빈대 잡으려고 초가삼간 태운다	매우 형편이 어려운 사람의 소중한 무언가를 뺏으려 욕심을 낸다
서당개 삼년이면 풍월을 읊는다	이미 문제가 발생한 후 뒤늦게 후회한다
소 잃고 외양간 고친다	작은 문제를 해결하려고 큰 손해를 입을 수 있는 행동을 한다
송충이는 솔잎을 먹어야지 갈잎을 먹으면 죽는다	자기 분수에 맞게 행동하지 않으면 화를 입는다

5주차 복습

1. 다음 빈칸에 들어갈 말을 보기에서 찾아 써 보세요.

1) 망둥이 2) 우물
3) 원숭이 4) 솥뚜껑
5) 개

2. 다음 뜻을 가진 단어를 보기에서 찾아 써 보세요.

1) 공간 2) 우물
3) 영향력 4) 적합
5) 고대 6) 낯설다
7) 성격

3. 다음 속담을 보고 그 뜻으로 알맞은 것을 골라 선으로 연결하세요.

숭어가 뛰니까 망둥이도 뛴다	성격이나 습관은 쉽게 바꾸지 못한다
우물 안 개구리	어떤 일을 아주 잘하는 사람도 때로는 실수를 한다
원숭이도 나무에서 떨어진다	어떤 일에 크게 혼난 사람은 비슷한 것만 봐도 놀란다
자라 보고 놀란 가슴 솥뚜껑 보고 놀란다	자기 경험이 전부라고 믿는 어리석은 사람
제 버릇 개 못 준다	잘난 사람을 무작정 따라한다

6주차 복습

1. 다음 빈칸에 들어갈 말을 보기에서 찾아 써 보세요.

1) 개 2) 쥐구멍
3) 꿈틀 4) 방앗간
5) 하룻강아지

2. 다음 뜻을 가진 단어를 보기에서 찾아 써 보세요.

1) 죽 쑤다 2) 본성
3) 쥐구멍 4) 양분
5) 방앗간 6) 알갱이
7) 지리다

3. 다음 속담을 보고 그 뜻으로 알맞은 것을 골라 선으로 연결하세요.

죽 쒀서 개 준 꼴	어떤 일을 위해 노력했는데 남 좋은 일이 되었다
쥐구멍에도 볕 들 날 있다	경험이 적어서 상황 파악 못하고 함부로 덤벼든다
지렁이도 밟으면 꿈틀한다	아주 약한 사람도 괴롭히면 가만히 있지 않는다
참새가 방앗간을 그냥 지나치랴	몹시 고생스러운 삶에도 분명히 좋은 날이 온다
하룻강아지 범 무서운 줄 모른다	사람은 자기가 좋아하는 것을 그냥 지나치기 어렵다